선생님, 동물 권리가 뭐예요?
제1판 제1쇄 발행일 2019년 11월 9일
제1판 제5쇄 발행일 2021년 12월 1일

기획 | 책도둑(김민호, 박정훈, 박정식)
글 | 이유미
그림 | 김규정
디자인 | 이안디자인
펴낸이 | 김은지
펴낸곳 | 철수와영희
주소 | 서울시 마포구 월드컵로 65, 302호(망원동, 양경회관)
전화 | 02-332-0815
전송 | 02-6003-1958
전자우편 | chulsu815@hanmail.net
등록 | 제319-2005-42호
ISBN 979-11-88215-35-5   73190

ⓒ 이유미, 김규정 2019

* 이 책에 실린 내용 일부나 전부를 다른 곳에 쓰려면 반드시 저작권자와 철수와영희 모두한테서 동의를 받아야 합니다.
* 잘못된 책은 출판사나 처음 산 곳에서 바꾸어 줍니다.
* 철수와영희 출판사는 '어린이' 철수와 영희, '어른' 철수와 영희에게 도움 되는 책을 펴내기 위해 노력합니다.

어린이제품 안전특별법에 의한 기타 표시사항
제품명 도서 | **제조자명** 철수와영희 | **제조국명** 한국 | **전화번호** (02)332-0815 | **제조연월** 2021년 12월 | **사용연령** 8세 이상
주소 04018 서울시 마포구 월드컵로 65, 302호(망원동, 양경회관)
주의사항 종이에 베이거나 긁히지 않도록 조심하세요. 책 모서리가 날카로우니 던지거나 떨어뜨리지 마세요.

선생님, 동물 권리가 뭐예요?

글 이유미 | 그림 김규정

철수와영희

머리말

동물의 마음에 귀를 기울여 봐요

저는 어릴 때부터 동물을 아주 많이 좋아했어요.
마당에는 큰 개가 여러 마리 있었는데 학교에서 돌아오면 가장 먼저 개에게 달려갔어요.
저를 보며 꼬리를 흔드는 개와 손을 맞잡고 우리는 한참이나 행복한 시간을 보냈지요.
그 순간의 기쁨은 아주 오랜 세월이 흘렀어도 너무나도 생생해요.
가끔은 족제비가 뒷마당에 나타났고, 장독대에서는 커다란 구렁이를 보기도 했어요.
칠면조 한 쌍이 마당에서 산 적도 있는데 공작처럼 넓게 펼친 꽁지깃이 참 아름다웠지요.
지붕 위 새집에는 비둘기가 같이 살았어요. 두 개씩 알을 낳곤 했지요. 어느 날 알 하나가 땅에 떨어져 깨진 걸
보았어요. 그 속엔 아주 작은 아기 비둘기가 들어 있었는데, 저는 살릴 수 없어서 얼마나 울었는지 몰라요.
닭과 오리도 많았어요. 하얀 염소 한 마리도 기억이 나요.
낮 동안에는 동네 들판에서 풀을 뜯기고, 해가 질 무렵이면 다시 집에 데려오곤 했지요.
동물을 사랑해서 동물의 마음에 귀를 기울이다 보니, 전에는 알지 못했던 또 다른 세상이 보였어요.
어디서도 볼 수 없었던 따뜻한 빛이 그 세상을 비추었고, 어떤 색으로도 표현할 수 없을 만큼 아름다웠어요.
그 사랑으로 시작된 동물 이야기가, 우리 시대를 살아가는 동물의 권리로
이어질 수 있으면 하는 바람이에요. 여러분과 저는 동물에 대한 관심 하나로
많은 이야기를 나눌 수 있을 거예요.
그럼 이제부터 천천히 그 이야기를 해 볼까요?

이유미 드림

머리말 : 동물의 마음에 귀를 기울여 봐요 _____ 5

동물 권리가 뭐예요?

1. 동물이랑 우리랑 무슨 상관이 있어요? _____ 12
2. 동물이 사라지면 어떻게 되나요? _____ 16
3. 어떤 동물이 사라지나요? _____ 19
4. 동물에게 왜 권리가 필요해요? _____ 23
5. 동물에게 어떻게 권리를 가르쳐요? _____ 26
6. 동물 권리가 법에도 나와 있나요? _____ 29

동물이 어떻게 권리를 누려요?

7. 동물이 권리가 있다는 것을 어떻게 알아요? _____ 34
8. 동물은 말귀를 못 알아듣지 않아요? _____ 37
9. 개나 고양이는 어떻게 권리를 표현해요? _____ 42
10. 왜 애완동물이 아니라 반려동물이라고 불러요? _____ 46
11. 동물이 어떻게 권리를 누려요? _____ 49
12. 왜 우리가 동물을 챙겨야 해요? _____ 52

동물을 좋아하지 않는데 어떡해요?

13. 동물은 더럽지 않아요? _____ 56
14. 동물은 위험하니 피해야 한대요! _____ 59
15. 동물이 무서운 사람은 어떻게 해요? _____ 62
16. 동물이 이유 없이 공격하기도 해요! _____ 64
17. 저는 동물을 싫어해요! _____ 67
18. 동물은 우리가 먹는 음식이잖아요! _____ 70

반려동물을 키우고 싶어요!

19. 생일 선물로 강아지를 받고 싶어요! _____ 76
20. 살아 있는 장난감 같아서 귀여워요! _____ 80
21. 길고양이를 데려오고 싶은데 어떻게 해요? _____ 82
22. 길고양이에게 밥을 주면 안 되나요? _____ 85
23. 동물을 만지고 싶은데 저를 피해요! _____ 88
24. 딴 데 신경 쓰지 말고 공부나 하래요! _____ 91

동물은 어떻게 아파하나요?

25. 동물도 고통을 느끼나요? _____ 96
26. 무엇이 동물 학대예요? _____ 99
27. 차에 치여 다친 동물을 보면 어떻게 해야 하나요? _____ 103
28. 동물원의 동물은 행복한가요? _____ 106
29. 인류를 위해서 동물 실험은 필요하지 않나요? _____ 110
30. 반려동물이 아프거나 죽으면 어떻게 해요? _____ 114

동물 권리를 인정하면 뭐가 달라지나요?

31. 동물보다 사람이 먼저 아닌가요? _____ 120
32. 그동안 사람이 동물을 챙겨 주지 않았나요? _____ 123
33. 동물 권리가 인정되지 않아서 우리가 피해를 보았나요? _____ 126
34. 권리가 필요 없는 동물도 있지 않을까요? _____ 130
35. 동물이 세상을 지배하게 되면 어떡해요? _____ 134
36. 동물 권리가 인정되면 세상이 어떻게 바뀔까요? _____ 137

동물 권리를 위해 우리가 무엇을 할 수 있어요?

37. 동물이 사람보다 못해서 우리가 보호하는 거예요? _____ 142
38. 동물 권리 보호는 어른들이 해야 하는 일 아니에요? _____ 145
39. 힘들지 않게 동물을 보호하는 방법이 있을까요? _____ 148
40. 동물이 좋지만 고기는 먹고 싶은데 어떡해요? _____ 152
41. 우리가 하는 일을 동물이 싫어할 수도 있지 않나요? _____ 156
42. 우리도 동물 보호법을 만들 수 있어요? _____ 159

세계 동물 권리 선언 _____ 163

동물 권리가 뭐예요?

1. 동물이랑 우리랑 무슨 상관이 있어요?

 동물이 우리와 무슨 상관이 있는지, 왜 우리가 동물 문제를 고민해야 하는지, 어쩌면 한 번도 생각해 보지 않은 질문일 수 있어요. 갑자기 동물 이야기가 나오니 도대체 그들이 우리와 무슨 상관이 있다는 것인지 의문이 들 만도 해요.

 하지만 잘 생각해 보면 우리가 사는 세상은 사람만으로 이루어지지 않았다는 사실을 잘 알 수 있어요. 사람은 대자연의 일부이고, 이 세계를 이루는 작은 조각들일 뿐이지요. 사람보다 훨씬 더 많은 영역을 차지하는 것이 바로 동물과 식물이에요. 그 생명들로 인해 우리는 살아갈 수 있는 힘을 얻는답니다.

 우리에게 익숙한 먹이 피라미드를 떠올려 보아도 좋아요. 맨 꼭대기에 있는 우리를 지탱해 주는 든든한 힘은 바로 다른 동물의 다양한 세계와, 그들이 어울려 살아가도록 건강한 환경을 만들어 주는 이 땅과, 땅에 뿌리를 내리고 살아가는 다양한 식물이거든요.

동물이 우리와 밀접하게 맞물려 살아간다는 사실을 제대로 아는 방법은 바로 그들이 존재하지 않는 세상을 상상해 보는 일이에요. 공기와 물의 소중함을 알고자 할 때, 단 몇 분이라도 숨을 쉴 수 없는 상황 또는 몇 날 며칠 물 한 모금 마실 수 없는 환경을 상상해 보듯이 말이에요.

  먼저 집 안에서 혹은 마당에서 키우는 반려동물을 생각해 보아요. 강아지와 고양이, 토끼와 햄스터가 있을 수 있어요. 그 동물이 우리와 친구로 살아가다가 어느 날 갑자기 떠나 버린다면 그때 느끼는 슬픔은 어떨까요? 아마 상상조차 하기 힘들 수도 있어요. 어쩌면 그런 경험을 해 본 친구들이 있다면 우리 주변의 동물이 얼마나 소중한 생명인지 가슴으로 잘 이해할 것이라 생각해요. 그 생명들은 어디서 왔으며 어디로 가는지 우리 생각을 좀 더 깊게 만들어 주는 소중한 스승일 수도 있어요.

  그리고 조금 더 현실적인 상황에서 보자면, 우리가 매일 급식 시간에 만날 수 있는 맛있는 음식에도 동물이 있답니다. 아마도 음식을 먹으면서 동물의 모습을 상상해 본 적이 없겠지만, 원래 모습은 우리처럼 숨을 쉬고 살아가던 생명이었지요.

  만약 우리 식사에 고기가 빠진다면 투정을 부리게 될 거예요. 하루 이틀 정도는 그다지 생각나지 않을 수도 있지만 고기반찬을 평생

먹지 못한다거나 치킨도 못 먹는다고 상상해 보아요. 어떤가요? 동물이 우리에게 주는 혜택이라고 볼 수 있는 음식에도 그만큼 밀접하게 동물이라는 생명이 깃들어 있답니다.

또 예쁜 목소리로 노래하는 여러 새의 모습도 우리에게 특별한 기쁨을 주는 세상의 선물이에요. 우리 삶에 다양하게 스며 있는 동물의 모습을 하나둘씩 지워 간다면 사람 세계는 매우 삭막하고 재미없어질 것 같은 생각이 들어요. 공기가 매 순간 우리 생명에 숨을 불어넣는 역할을 하는 매우 중요한 요소이듯이, 동물 역시 그만큼 우리와 뗄 수 없는 관계에 있답니다.

<u>우리가 사는 세상은 사람만으로 이루어지지 않았어요. 사람보다 훨씬 더 많은 영역을 차지하는 것이 바로 동물과 식물이에요. 그 생명들로 인해 우리는 살아갈 수 있는 힘을 얻는답니다.</u>

2. 동물이 사라지면 어떻게 되나요?

 우리와 가까이 있던 동물이 사라진다는 것은 따뜻한 체온을 함께 나누던 친구가 없어지는 일이고, 일상에서 다양한 기쁨을 선물해 주던 생명을 더는 볼 수 없게 된다는 뜻이에요. 그리고 먹는 즐거움이 컸던 사람이라면 입맛을 잃고 시름시름 앓을지도 몰라요.
 이런 것들은 당장 우리가 피부로 느낄 만큼 가까이 있는 현실이에요. 하지만 전혀 상상조차 하지 못했던 더 큰 문제들이 있어요. 그 얘기를 해 볼까요?
 먹이 피라미드의 꼭대기에서 가까운, 우리 주변의 어느 정도 덩치가 있는 동물만 동물의 세계라고 여기기 쉬워요. 하지만 그 아래와 더 아래, 맨 아래의 생태계부터 한번 살펴볼 필요가 있어요. 생태계에서도 기반이 된다는 것은 말 그대로 무언가를 지탱해 주는 바탕이니까요.
 그 바탕을 이루는 것이 땅과 물, 태양과 바람으로 자라는 나무와 풀이에요. 식물은 봄이면 새싹을 틔우고 여름이면 이파리와 열매가 무성해져 이 땅을 살아가는 많은 생명을 먹여 살려요. 시골에 가 보면 사계절의 움직임이 더욱 피부에 와닿는데, 나무와 풀을 바쁘게 옮겨 다니며 자신의 삶을 살아가는 수많은 곤충을 볼 수 있어요. 특히 꿀벌과 나비는 꽃을 찾아 여기저기 날아다니기 때문에 채소와 과일의 열매를 맺게 하는 아주 중요한 역할을 해요. 달콤한 과일과 맛있는 열매채소는 우리가 직접 거두어 먹고, 거기에서 나온 씨는 다음 해에도 풍성한 식물로 자라 많은 생명을 먹여 살리는 아주 중요한 생산자예요.

하지만 아무리 식물이 풍성하게 꽃을 피워도, 세상에 꿀벌이 사라진다면 열매를 맺게 하는 일을 누가 할까요? 사람이 일일이 꽃가루를 옮기는 방법도 있지만 꿀벌처럼 섬세하게 많은 작업을 하기에는 무리예요. 그래서 꿀벌이나 나비가 사라지게 되면 식물도 열매와 씨를 맺을 수 없기 때문에 번식도 불가능해지겠죠. 땅에 떨어진 씨앗이 없으니 봄이면 새싹이 나오지도 않을 터이고, 세상은 초록이 아닌 흙빛으로 변할 거예요. 또한 식물의 이파리를 먹고 사는 곤충이나 동물도 먹을 것이 없어지니 점점 사라지고 말 거예요.

그럼 우리는요? 우리에게는 과학이 있으니 다른 해결 방안이 있을 것이라고 마음 놓을 수는 없어요. 왜냐하면 모든 것이 먹고사는 문제로 결론이 난다고 볼 수 있거든요. 과학도 잘 먹고 잘 살 때 발전할 수 있어요. 우리가 매일 먹는 밥과 반찬이 사라지면 당장 하루하루 끼니 걱정을 해야 하니 얼마나 비참한 상황이 되겠어요? 더 맛있는 햄버거와 피자를 먹으면 된다고요? 그 음식들도 땅에서 나는 밀과 채소, 고기가 들어가니 그야말로 우리는 이러지도 저러지도 못하는 상황에 빠졌다가 결국에는 인류도 서서히 멸망해 갈 거예요.

그만큼 모든 생명은 서로서로 아주 긴밀하게 맞물려 있다는 것을 알 수 있어요. 어느 하나라도 어긋나거나 동작을 멈춘다면 결국 모든 세계가 정지해 버리고 말지요. 그래서 이 땅에 발을 딛고 살아가는 우리는 먹이 피라미드의 꼭대기에서 세상을 조종하는 자가 아니라, 너그러운 지휘자가 되어 모든 생명이 평화롭게 공존할 수 있도록 도와야 한다고 생각해요.

> 모든 생명은 서로 맞물려 있어요. 어느 하나라도 어긋나거나 동작을 멈춘다면 결국 모든 세계가 정지해 버려요. 그러니까 우리는 모든 생명이 평화롭게 공존하도록 도와야 해요.

3. 어떤 동물이 사라지나요?

사람의 잘못으로 생태계에 조화가 깨지는 일이 종종 벌어지곤 해요. 인류가 생태계를 파괴함으로써 벌어지는 일들은 인간을 제외한 다른 동물과 식물에게 지속적으로 엄청난 고통을 주어요. 그 때문에 여러 생물 종류가 결국 이 세상에서 사라지기도 하죠. 이미 멸종된 동물도 많지만 하루하루 위태롭게 삶을 연장해 가는 멸종 위기 종도 아주 많아요.

옛날이야기에 많이 등장하던 호랑이를 모르는 사람은 없을 거예요. 하지만 지금은 한반도의 산속을 샅샅이 뒤져도 호랑이를 찾을 수 없어요. 일제 강점기에 조선 총독부에서 해수(해로운 동물) 구제 정책이란 걸 내세웠어요. 사람과 재산에 피해를 주는 동물은 모두 죽이라고 했지요. 사람에게 위험하다는 게 이유였지만 호랑이 가죽은 멋진 전리품이 되기도 했어요. 조선 시대부터 이어진 호랑이 사냥으로 인해 결국 이 땅에서 호랑이가 사라지고 동물원에나 가야 힘없이 늘어진 모습을 볼 수 있답니다.

같은 이유로 큰 피해를 본 동물 중에 곰도 있어요. 조선 총독부 통계에 따르면 1919년부터 1942년까지 해수 구제 정책으로 학살된 호랑이나 표범, 곰, 늑대, 멧돼지, 사슴 등 야생 동물의 숫자는 7만여 마리에 이른다고 해요. 그래서 우리나라에 살던 반달가슴곰, 불곰 등도 결국 멸종 위기에 이르렀어요. 그나마 다행인 것은 반달가슴곰은 복원 사업 덕분에 지리산의 야생에 적응해 가는데, 현재 60여 마리로 수가 늘었다고 해요.

야생 동물은 기본적으로 사람을 피하는 습성이 있기 때문에 깊은 산 등지에서 곰에게 피해를 입는 사고가 난다는 것은 사람이 부주의한 경우가 대부분이에요. 그리고 야생의 동물을 동물원의 동물

처럼 생각하고 맛있는 초콜릿 등을 주고 싶은 마음은 이해하지만, 그렇게 되면 야생성을 잃은 개체는 살아갈 힘을 잃어요. 대신 그들에게 필요한 최적의 환경으로 보호해 주고 잘 적응해 살아가도록 돕는 것이 우리가 할 일이라고 생각해요.

우리나라에서 멸종 위기 야생 동물 1급으로 지정된 것 중에 붉은 여우가 있어요. 여우 털이 아름답고 따뜻하기 때문에 털가죽을 얻기 위한 과도한 사냥이 멸종으로 이어지게 되었지요. 마을 주변 야산에 서식하던 여우들은 사람이 놓은 쥐약을 먹고 죽기도 했는데, 생태계에 인위적인 조정이 끼어들기 시작하면 우리 의도와는 달리 많은 생명체에 피해가 간다는 사실을 알 수 있어요.

가지 마!

슬프다냥.

깊은 산에 사는 동물뿐만 아니라 예로부터 장수의 상징이었던 두루미도 이제는 우리나라에서 쉽게 만날 수 없게 되었어요. 전 세계를 통틀어 3천여 마리밖에 안 남았는데 그중 1천여 마리가 매년 우리나라를 찾아와요. 그런데 두루미가 사는 갯벌이나 습지를 메워 버리니 오갈 데가 없어지겠죠? 그리고 알을 낳아 번식하려고 하면 사람들이 그 알을 훔치곤 해요. 두루미는 천연기념물이었다가 지금은 붉은여우와 마찬가지로 멸종 위기 야생 동물 1급으로 지정되었어요.

그 외에도 수달, 하늘다람쥐, 남생이, 고니, 따오기 등 우리나라 동물을 포함해 지구상에는 수많은 동물종이 멸종 위기에 놓여 있어요. 대부분은 사람이 편해지려고 인위적으로 환경을 개발하거나 이익을 얻으려고 동물을 사냥해서 벌어진 결과예요.

이 땅에 동물이 사라지면 결국 사람에게도 큰 피해가 갈 수 있어요. 그러니까 최후의 상황으로 가기 전에 무모한 파괴를 멈추고 동물을 보호하는 방안으로 다 같이 힘을 써야 할 거예요.

4. 동물에게 왜 권리가 필요해요?

 동물을 보호하자면 먼저 동물에게도 권리가 있다는 사실을 인정하는 과정이 필요해요. 동물을 보호하는 건 좋은데 굳이 권리까지 인정한다는 것이 쉽게 이해가 안 될 수도 있어요. 그동안 동물 보호 단체 등에서도 어려운 상황에 놓인 동물을 구조하거나 동물을 사랑하자는 목소리를 내는 건 많이 봤어도, 동물에게도 권리가 필요하다는 의견을 우리 주변에서 쉽게 듣기 힘들었거든요.

 하지만 동물 권리를 이해한다면 우리가 할 수 있는 일들도 자연스럽게 알게 될 거예요. 그동안 세상이 고르게 발전하는 데 필요하다고 여겨져서 사람이 독차지했던 '권리'를 조금만 더 넓혀 보면 동물에게도 평등하게 적용할 수 있는 개념이거든요. 그렇다면 정말 동물에게도 권리가 필요한가? 동물의 권리를 인정하는 것이 맞을까? 하는 결론을 내리기 전에 '권리'의 개념에 대해서 깊이 생각해 볼 필요가 있어요.

 권리의 사전적 의미는 '어떤 일을 하기 위해 다른 대상에게 당연히 요구할 수 있는 힘'이라고 해요. 여러분에게는 차별받지 않을 권리, 가정환경에서 보호받을 권리, 폭력과 학대를 당하지 않을 권리, 교육받을 권리 등이 있어요. 만약 우리가 누군가에게 차별을 받거나 폭력과 학대로 인해 몸과 마음에 큰 상처를 입게 된다면 그것만큼 힘든 일은 없을 거예요.

권리란, 어떤 생명이든 자기 자신을 지키고 나아가 행복하게 살기 위한 가장 기본적인 것이라고 할 수 있어요.

그런데 나 하나만 생각하고 내 권리만 주장한다면 그것은 다른 사람의 권리를 무시하는 결과를 낳을 수도 있어요. 그렇기 때문에 서로에게 피해를 주지 않고 다 함께 행복할 수 있는 길이 모두의 권리를 충족시키는 방안이 될 거예요.

그동안 우리가 살아온 방식은 인간의 권리만 생각했기 때문에 다른 동물 세계에는 막대한 피해를 입힌 것이 사실이에요. 지구상에서 사라져 가는 동물도 그렇지만 아직도 우리 주변에서 고통을 당하는 동물이 아주 많거든요. 조금만 시야를 넓히면, 우리만 즐겁자고 동물의 희생을 강요했던 이 사회의 많은 부분이 보일 거예요. 누구나 차별받고 싶지 않고 폭력과 학대를 당하고 싶지 않아요. 다른 사람들도 마찬가지일 테고, 동물 역시 같은 마음일 거예요.

그럼에도 우리는 그런 자연스러운 바람으로부터 동물을 제외했어요. 동물은 우리와 말이 통하지 않잖아요. 우리는 동물이 어떻게 느끼고 무엇을 요구하는지 생각해 보기나 했을까요? 세상의 소통 방식에는 언어만 있는 게 아니에요. 말을 하지 못하는 아기들이라고 해도 우리는 인간의 권리로부터 아기들을 제외하지 않아요.

따라서 동물에게도 권리가 필요하다는 의견은, 우리가 같은 지구에 발을 붙이고 살아가는 같은 생명체로서 인정해야 할 당연한 사실이에요. 어쩌면 권리가 '필요'하다기보다는 기본적으로 권리가 '있다'는 말이 더 맞을 수도 있겠어요. 그래서 세상을 평화로 다스릴 힘이 있는 우리가 먼저, 우리와 똑같은 마음일 수 있는 동물을 이해하려는 자세를 가지면 좋을 것 같아요.

5. 동물에게 어떻게 권리를 가르쳐요?

 동물에게 권리가 있다고 인정한들, 동물이 어떻게 그 권리를 누리도록 교육할지 의문을 가질 수도 있어요. 동물이 이제 와서 그들의 권리를 되찾기 위해 시위를 할 수 있는 것도 아니고 법을 만들어 달라고 요구할 수 있는 것도 아니니까요. 그것은 우리가 권리를 너무 어렵게 받아들이고 사회적인 요구 수준으로만 생각해서 그럴 거예요.

 잘 생각해 보면 우리 권리는 학교에서 배워서 얻어지는 게 아니라는 사실을 알 수 있어요. 여러분은 차별받지 않고 폭력과 학대를 당하지 않아야 한다고 누군가 가르쳐서 알게 되었나요? 그래서 사랑받으며 살고 싶은 마음이 생겨났을까요? 누가 알려 주지 않아도 그것은 누구에게나 있는 자연스러운 본성이지요.

 그것은 나와 우리 가족뿐만 아니라 친구들, 학교의 선생님, 더 나아가 이 사회의 모든 사람이 갖는 공통적인 바람이에요. 누구나 하루하루 만족하며 즐겁고 행복하게 살고 싶은 마음이에요. 그게 동물에게만 적용되지 않는 바람일까요?

난 행복하게
　　살고 있다냥~

따라서 동물에게 권리를 가르치는 방법을 고민해 보는 것은 좋지만, 굳이 그런 과정까지는 필요하지 않아요. 여러분이 권리를 배우지 않아도 자연스럽게 생겨난 마음인 것처럼요. 무엇보다 동물에게도 자연스럽게 생기는 마음, 사랑받으며 하루하루 즐겁고 행복하게 살고 싶은 마음이 있다는 사실을 이해하는 것이 필요해요.

사람 손에 고통당하거나 죽임을 당해 멸종해 간다면 결국 우리에게도 큰 피해가 돌아올 수 있고, 우리가 피해를 입는 것이 두려워 동물을 사랑하는 척한다면 그것은 진실한 마음이라기보다는 일종의 거래에 지나지 않을 거예요. 그 정도만 해도 동물에게는 큰 변화의 세계가 열리겠지만, 깊은 마음에서 우러나는 자연스러운 사랑은 서로의 권리를 지켜 주며 다 같이 행복한 길을 열어 줄 것이라 생각해요.

<u>우리는 차별받지 않고 폭력과 학대를 당하지 않아야 한다는 사실을 누군가 가르쳐서 알게 된 것이 아니에요. 그것은 누구에게나 있는 자연스러운 본성이에요. 동물도 마찬가지예요.</u>

6. 동물 권리가 법에도 나와 있나요?

우리에게는 동물 권리라는 말 자체가 낯설지만, 사실 동물 권리를 인정하고 복지 향상을 위해 노력해 온 역사는 꽤 오래되었어요. 거기에 더해 세계적인 추세는 동물 학대를 전면 금지하고자 다양한 각도에서 연구하고 실천하는 방안도 지속적으로 마련되고 있지요.

1824년 영국에서 세계 최초로 동물 학대 방지 단체가 설립되었어요. 이 단체에는 노예 제도를 폐지하자고 주장한 사람이 함께했는데, 사람이 착취당하지 않고 행복하게 살 권리가 있듯이 동물에게도 같은 마음이 있다고 생각한 거예요. 이후에는 영국 여왕도 이 단체를 후원했을 만큼 영향력 있는 사람들이 뜻을 함께 모은 덕분에 영국 연방 전역으로 퍼져 나가게 되었답니다.

미국에서는 1866년 동물 학대 방지 협회가 설립되었고, 이러한 단체의 활동은 동물 권리를 인정하는 데 이정표 구실을 했어요. 하지만 동물 권리까지 법으로 보장할 수는 없었어요. 누구나 반드시 지켜야 할 의무 사항은 아니었으니까요.

그 이전에도 이후에도 사람에게 학대당하거나 이용당한 뒤 죽어가는 동물에게 연민을 느끼는 사람들은 꾸준히 있었고 세상을 변화시키고자 노력하는 손길도 계속 이어졌어요.

그러다 독일에서 1933년의 〈제국 동물 보호법〉을 기초로 1972년부터 본격적인 동물 보호법이 제정, 시행되었답니다. 캐나다는 1961년, 일본은 1973년, 프랑스는 1974년, 스위스는 1978년에 각각 동물 학대 방지 및 동물 복지법을 제정, 시행하게 되었는데 우리나라의 경우에는 1991년에야 만들어졌어요.

독일은 세계에서 맨 먼저 동물 보호법이 생겼을 정도로 동물에 대한 인식도 앞서가는 나라라고 볼 수 있어요. 우리나라 도심의 길거리에서 흔히 볼 수 있는 펫숍은 독일에서라면 정말 말도 안 되는 풍경이에요. 그렇게 쉽게 동물을 사고파는 문화 자체가 없다고 보는 편이 맞을 거예요. 동물 보호소에서 동물을 입양할 때도 모든 가족이 동의를 하고 테스트를 거쳐야 해요. 동물 한 마리를 데려오는 데 시험까지 봐야 한다니!

그러나 그것은 생명에 대한 기본적인 책임 의식을 갖게 하는 중요한 과정이라고 생각해요. 생명을 너무 쉽게 얻었다가 쉽게 버리고 또 사고팔고 하는 행태는 당사자인 동물이 원하는 문화가 아닐 테니까요. 그런 면에서도 우리는 너무 우리 자신의 즐거움만 앞세우면서 생명을 대했다는 생각이 들어요. 단순한 물건을 사서 쓸 때에도 그 기능이 다할 때까지 애지중지 아껴 쓰는 자세가 필요할 텐데 말이에요.

인도의 정신적 지도자였던 마하트마 간디는 이런 말을 했어요. "한 나라의 위대함과 도덕성은 동물을 대하는 태도로 알 수 있다." 그렇다면 우리의 성품과 도덕성은 어디쯤 자리하고 있을까요?

한 나라의 위대함과 도덕성은
동물을 대하는 태도로 알 수 있답니다.

동물이 어떻게 권리를 누려요?

7. 동물이 권리가 있다는 것을 어떻게 알아요?

　동물이 스스로 자신에게 권리가 있다는 사실을 안다는 것은 어쩌면 무의미할 수도 있어요. 다시 한번 강조하지만, 우리가 우리 권리를 얘기할 때 그 권리에 대해 배우고 익혀서 주장하는 것이 아니니까요. 또한 권리라는 단어를 동물은 알지 못해요. 그것은 우리가 만든 개념이니까요. 그래도 그 개념과 다르지 않은 '기본적인 욕구'는 사람이든 동물이든 생명체라면 누구나 갖고 있지요. 배워서 안다기보다 몸이 자연스럽게 원하는 그 어떤 것이에요.

　모든 생명은 태어나자마자 '생명을 유지하는 것'에 초점이 맞춰져요. 갓 태어난 아기도 엄마 젖을 찾아요. 그걸 누구에게 배워서 아

내가 생선을 좋아하는 것처럼,

내 권리는 누가 가르쳐 주지 않아도

내 몸이 알고 있다냥.

응원해.

는 것이 아니죠. 자연스러운 본능이라 말할 수 있어요. 그렇게 해서 몸에 에너지가 들어가면 점차 더 큰 개체로 성장해요. 성장한 후에는 자신의 아기를 만들고, 아기도 이 과정을 따라 하고, 모든 생명이 끝없이 태어나고 소멸하면서 반복하는 공통된 과정이에요. 인류는 다양한 사회 활동을 하기 때문에 좀 더 다양한 욕구나 권리가 생길 수 있어요. 동물 세계는 우리 삶보다 훨씬 단순한 편이지만요.

따라서 사람의 복잡한 사회 구조만 제외한다면 우리 세계도 동물의 그것과 크게 다를 바가 없어요. 여러분이 지금 또는 더 어렸을 때 누리고 싶었던 욕구들이 있다면 그것을 동물에게 적용해 보아도 무방할 거예요.

우리가 권리라는 단어를 알기 전에도, 욕구라는 단어를 들어 보기 전에도, 우리 마음속에는 자연스럽게 건강한 생존 본능이 있었어요. 공기를 마시며 살아가는 동물이나 물속에서 헤엄치며 살아가는 물고기도 그런 본능이 있어요. 그래서 누가 알려 주지 않아도 자연스럽게 몸이 알게 되는 것, 그것이 바로 동물이 자신의 권리를 인식하는 방식이죠.

8. 동물은 말귀를 못 알아듣지 않아요?

많은 사람이 그렇게 생각해요. 동물은 우리와 말이 통하지 않기 때문에 당연히 말귀도 못 알아들을 거라고 생각하기 쉬워요. 언어가 다르면 의사소통이 어려운 것이 사실이에요. 한국어만 할 줄 아는 사람이 난생처음 러시아어를 듣는다면 얼마나 답답하겠어요? 처음에 한두 마디 하다가 의사소통을 포기할 수도 있겠지만, 진정으로 상대방을 이해하고 싶다면 무슨 말인지 몰라도 조금 더 지켜볼 거예요. 그렇게 있다 보면 답답한 마음이 조금씩 사라져요. 정확하지는 않아도 그 사람이 어떤 감정을 표현하고 싶어 하는지, 어떤 마음 상태인지 정도는 알게 되지요.

동물과의 소통도 마찬가지예요. 동물은 한국어도 영어도 모르기 때문에 더 답답할 수 있어요. 그렇다고 해서 동물을 우리와 통하지 않는 존재라고 여겨 버리면 그걸로 끝이에요. 그렇게 되면 상대를 이해할 기회도 스스로 저버리는 거예요.

동물은 눈빛이나 몸짓으로 자기를 표현해요. 그래서 저는 언어가 서로 다른 사람을 이해하는 것보다 동물을 이해하는 편이 훨씬 수월하다고 느껴요. 물론 여기서도 동물의 마음을 이해하려는 마음이 기본적으로 있어야 해요. 그렇지 않으면 동물이 아니라 어느 누구라도 의미 없는 눈빛과 몸짓이 되고 말 거예요.

 하늘을 나는 새들은 각자 다른 목소리를 갖고 있어요. 땅에 사는 동물도 모두 다른 표현 방식이 있어요. 짹짹, 까악까악, 야옹, 멍멍 하는 소리가 동물의 언어는 아니에요. 언어라기보다는 그들 고유의 목소리라고 볼 수 있는데, 특유의 소리는 동물을 구분하는 기준이 되지요.

 동물은 그 소리에 마음을 담아 표현해요. 같은 소리라도 세세한 감정과 마음, 욕구가 담겨 있기 때문에 그것을 정확히 구분하기가 쉽지 않아요. 다른 언어를 모를 때에는 그 언어가 도무지 무슨 뜻인지 알 수 없지만, 알고 나면 별것 아닌 것처럼 느껴지지요? 동물의 목소리에 담긴 마음도 그와 같아요. 처음 들었을 때는 다 똑같은 짹짹, 멍멍 소리 같지만 잘 듣다 보면 그 속에 담긴 다양한 느낌을 알 수 있지요.

 모든 동물이 그렇게 목소리만으로 자신을 표현하지는 않아요. 우리가 언어만으로 자신의 감정을 표현하지 않듯이 말이에요. 우리는 웃거나, 울거나, 찡그리거나, 눈을 크게 뜨거나, 손짓 발짓을 하면서 자신의 기분을 표현해요. 거기에는 소리가 없지만 사람이라면 누구나 비슷한 방식으로 마음을 표현해요. 그것을 보디랭귀지라고 하지요. '몸으로 표현하는 언어'라는 뜻이에요.

동물 역시 그래요. 가장 쉽게 알 수 있는 것이, 강아지가 꼬리를 흔들거나 뒷걸음치거나 몸을 낮게 움츠리는 식이에요. 이것은 강아지들이 서로 약속해서 만든 게 아니라 자연스럽게 표현되는 그들 고유의 보디랭귀지라고 할 수 있어요.

우리는 강아지나 고양이가 아니기 때문에 그런 식으로 우리 마음을 표현하지 않아요. 그렇더라도 강아지를 좋아하는 사람이라면 강아지 행동을 보고 마음을 짐작하는 것이 어렵지 않아요. 같은 꼬리 흔들기 동작에도 기분이 좋다는 뜻만이 아니라 다양한 감정이 담길 수 있는데, 전문적으로 동물을 대하는 사람이라면 누구나 알 수 있는 사실이에요.

이렇듯 동물이 우리와 표현하는 방식이 다르다고 해서 말귀를 못 알아듣는다고 단정 지어 버리면 동물 입장에서는 오히려 사람이 매우 편협하고 답답한 존재처럼 느껴질 거예요. '알려고 노력도 하지 않고 우리 동물을 무시한다'고 말이에요.

우리가 동물의 마음을 이해하는 것보다 사실은 동물이 우리 마음을 더 잘 알아요. 그 사실을 우리가 모를 뿐이죠. 더욱 놀라운 점은

우리가 말을 하지 않더라도 동물은 우리 마음을 거의 느낀다는 것이에요. '동물적인 직감'이라는 말이 괜히 있는 게 아니에요. 그들은 생존에 필요한 것을 몸으로 느끼기 때문이에요. 머리로 판단하는 우리와는 다른 인식 체계를 갖고 있다고 볼 수 있지요. 그래서 동물은 위험한 상황에서 머리로 판단하는 시간이 필요한 것이 아니라, 몸이 알아서 즉각적으로 반응하는 독특한 체계를 갖고 있는 거예요.

　이렇게 설명하면 동물이 우리보다 우월한 인식 체계를 갖고 있는 것처럼 보일 수 있지만 꼭 그런 것만도 아니에요. 각각 체계가 다를 뿐이지 누구도 우월하거나 열등하지 않아요. 따라서 언어가 다르다고 해서 동물을 우리보다 열등하게 보는 것은, 영어를 쓴다고 해서 우리보다 우월하다거나 열등하다고 판단하는 것과 마찬가지예요.

동물은 눈빛이나 몸짓으로 자기를 표현해요.
그래서 동물의 마음을 이해하려는 마음이 있으면,
언어가 서로 다른 사람을 이해하는 것보다
동물을 이해하는 편이 훨씬 수월할 수 있어요.

9. 개나 고양이는 어떻게 권리를 표현해요?

 우리 주변에서 가장 많이 볼 수 있는 동물이 바로 개와 고양이예요. 개와 고양이는 한국 사람이 선호하는 아파트에서도 무리 없이 함께 살 수 있기 때문에 많이들 길러요. 집에 개나 고양이가 있다면 그들이 어떻게 자기 감정을 표현하는지 쉽게 알 수 있어요. 그들이 꾸준히 표현하는 방식이 있다면 우리는 그동안 쌓인 경험으로 미루어 동물의 마음을 이해하게 되지요. 간혹 처음 보는 반응을 나타내거나 목소리 톤이 살짝 다르다면 아마 동물이 맞닥뜨린 상황이 낯선 경우가 대부분일 거예요. 동물도 혼란스럽거나 어떻게 받아들여야 할지 몰라 당황스러운 경우가 있으니까요.

 일반적인 감정 표현은 그럭저럭 이해할 만한데, 만에 하나 개나 고양이가 그들의 권리를 표현하고자 할 때 우리는 어디서 그걸 발견할 수 있을까요?

 우선 '권리'라는 단어에 신경 쓰지 않았으면 좋겠어요. 아무래도 어렵게 느껴지니까요. 동물이 그런 의도로 그들의 권리를 표현하는 것은 아니거든요. 동물이 표현하고 싶은 그들의 권리는 '기본적인 욕구' 정도로 이해하면 더 쉬울 것 같아요.

그렇다면 동물이 누리고 싶은 기본적인 욕구에는 무엇이 있을까요? 여러분이 고양이로 살아간다면 어떤 것들이 필요할까요? 한번 상상해 볼까요? 저라면 자고 싶을 때 늘어지게 자고, 맛있는 음식을 먹고, 나머지 시간에는 친구들과 만나 즐겁게 놀고 싶을 것 같아요. 공부는 하고 싶지 않고, 숙제나 학원도 싫고요.

여러분은 저와 다를 수 있지만 제가 본 동물은 제 마음과 크게 다르지 않았어요. 모든 생명이 기본적으로 갖는 욕구는 비슷해요. 먹고, 자고, 놀면서 반복하는 삶의 방식이 하루하루 행복하고 건강한 마음을 만들어 주니까요.

그런데 동물이 그 정도의 기본적인 욕구도 충족이 안 되어서 우리에게 적극적으로 표현하고 싶은 걸까요? 금방 이해가 안 되겠지만 사실이에요. 우리로서는 지극히 단순한 행위 같지만 최소한의 욕구도 충족되지 못한 채 수동적으로 살아가는 동물이 많아요. 그래서 끊임없이 목소리를 내거나 몸짓으로 우리에게 말을 걸지요.

매번 정확하게 알아들을 수 있다면 좋겠지만 그러지 못하는 것이 현실이에요. 언어의 장벽처럼 느껴지곤 하지요. 그러나 다시 한번 강조하지만 언어가 다르다고 해서 소통이 불가능한 것은 아니에요. 그들의 언어를 배울 수는 없어도 조금만 마음을 열고 관심을 가지면 생각보다 쉽게 동물의 마음을 이해할 수 있거든요.

　대부분의 동물은 매일 똑같은 사료를 먹어요. 사료를 먹는 동물이라면 그나마 어느 정도 관리를 잘 받는 편일 거예요. 그러지 못한 경우도 굉장히 많으니까요. 그런 상황에 있는 동물은, 그들에게 충족되었으면 하는 기본적인 욕구를 끊임없이 얘기해요. 건강하지 못한 삶이 계속된다면 동물은 그들의 방식으로 이를 바꾸어 달라고 해요. 밥을 거부하거나, 오줌을 아무 데나 누거나 하는 식으로 우리의 관심을 끌지요. 동물 입장에서는 그렇게라도 하지 않으면 사람이 알아주지 않거든요. 이를테면 마지막 수단일 수도 있어요. 사람들 세상에서라면 권리를 얻기 위한 시위 정도로 볼 수 있고요.

　이렇듯 우리와 표현하는 방식은 다르지만 그들 나름대로 표현하면서 '기본적인 욕구'가 충족되기를 바라지요. 조금 더 다양한 욕구를 들여다보자면 먹고, 놀고, 잘 자는 것 외에도 가족의 사랑을 받으며 행복하게 살고 싶은 마음도 커요. 우리보다 훨씬 단순한 욕구임에도 우리가 그들의 마음을 잘 모르기 때문에 대부분 무시되기 쉬워요. 동물은 끊임없이 우리에게 이야기한다는 사실을 이제부터라도 잘 기억했으면 좋겠어요.

모든 생명의 기본적인 욕구는 비슷해요.
먹고, 자고, 놀면서 반복하는 삶의 방식이
하루하루 행복하고 건강한 마음을 만들어 주니까요.
우리에게는 지극히 단순한 행위인데, 이런 최소한의
욕구도 충족되지 못한 채 살아가는 동물이 많아요.
그래서 끊임없이 목소리를 내거나 몸짓으로
우리에게 말을 걸지요.

10. 왜 애완동물이 아니라 반려동물이라고 불러요?

이 두 단어를 보면 동물을 대하는 방식에 큰 차이가 있어요. '애완(愛玩)'과 '반려(伴侶)'의 뜻을 살피면 그 차이를 알 수 있어요.

애완동물이라는 말에는, 동물을 가까이에 두고 키우면서 귀여워하거나 즐긴다는 뜻이 담겨 있어요. 나의 즐거움을 위해 동물을 장난감처럼 데리고 놀 수도 있다는 뜻이에요. 그렇다고 함부로 해도 된다는 얘기는 아니에요. 그 단어가 널리 쓰였을 때에는 우리가 동물을 바라보는 인식이 그러했기 때문에 애완동물이라는 단어가 적절했을 거예요. 그 단어를 만들어 쓴 사회적 분위기가 그랬다는 뜻이지요.

요즘에도 애완동물이라고 부르는 곳이 종종 있기는 하지만, 훨씬 더 많은 곳에서 반려동물이라는 단어를 써요. 반려동물은 인생의 반려자와 같은 의미로 우리 삶에 가족이 되는 모든 동물을 일컬어요. 그것은 일시적으로 우리 즐거움을 위해 존재하는 개체가 아닌,

우린 친구예요,
서로에게 최고의 친구!

평생을 동고동락하는 가족과 같은 개념이에요. 애완동물이 당시의 사회 분위기가 반영된 단어였다면, 반려동물은 우리가 동물을 대하는 방식이 도덕적으로 성장했다는 것을 보여 주어요.

사실 우리가 애완동물이라고 부르든 반려동물이라고 부르든, 동물은 단어 자체에 개의치 않을 거예요. 다만 어떤 단어를 선택해 사용할 때, 그 사람의 의도가 그 단어에 담길 수밖에 없어요. 그때 우리 의도가 동물에게도 고스란히 전달되어요.

사랑한다고 말하면서 미워하는 마음을 떠올리기 힘든 것처럼 언어에는 고유의 에너지가 담겨 있어요. 우리가 어떤 마음을 갖고 사느냐에 따라 우리가 쓰는 언어도 달라질 수밖에 없어요. 우리는 좋으나 싫으나 대체로 언어로 소통하기 때문이에요.

단어를 잘 알지 못해서, 애완동물이라고 부르면서도 갖고 놀려는 의도가 아니라 한없이 사랑하는 마음을 가졌다면 큰 문제가 되지 않아요. 그러나 이제는 그 뜻을 정확히 알게 되었으니 어떤 단어를 골라 쓸 것인지의 판단은 여러분 마음에 달려 있겠지요?

반려동물은 인생의 반려자와 같은 의미로 우리 삶에 가족이 되는 모든 동물을 일컬어요. 일시적으로 우리 즐거움을 위해 존재하는 개체가 아닌, 평생을 동고동락하는 가족과 같은 개념이에요.

11. 동물이 어떻게 권리를 누려요?

생명이라면 기본적으로 누리고 싶어 하는 권리에 대해 알아보았는데, 동물은 어떻게 권리를 누리며 얼마나 행복하게 살까요?

만약 동물의 세계에 인간이 개입되지 않았다면 그들은 훨씬 자연스러운 삶을 살다가 떠날 거예요. 먹이 피라미드의 구조에서 볼 수 있는 것처럼 각자 필요한 먹이를 직접 구하고, 쉬고 싶을 때 쉬고, 놀고 싶을 때 놀면서 살아가겠지요.

그런데 인간과 삶을 함께하면서부터 동물과 인간은 서로 주고받는 관계가 되었어요. 주고받는다는 말만 들으면 공평해 보일지 모르지만 실은 동물이 원해서가 아니라 인간이 일방적으로 밀어붙인 관계라고 볼 수 있어요. 옛날에는 동물의 노동력을 이용하고 먹이를 주는 방식이 대부분이었으니까요.

그러다 우리는 동물의 노동력뿐만 아니라 동물에게서 나오는 모든 것을 이용했어요. 그동안에는 먹여 살려야 하니 먹이를 주는 것은 당연했고요. 먹이를 주었으니 할 일을 다 했다고 볼 수 있을까요?

아니에요. 상당히 많은 부분에서 권리를 빼앗긴 상태였거든요.

 그때나 지금이나 크게 다르지 않은데, 우리는 야생에서 멀어진 동물을 대하는 경우가 대부분이에요. 사람 손에 길들여지고, 착취당하고, 입양되어 반려동물로 살아가는 생명들이지요. 스스로 알아서 부족함 없이 권리를 누릴 것이라는 생각은 말이 안 되어요. 동물의 삶은 이미 사람 손에 달려 있기 때문이에요.

 동물이 어떤 모습으로 살아가든 그들의 운명은 우리와 함께해요. 우리가 동물의 마음을 이해하고 보장해 준다면 동물은 그것을 누릴 기회를 얻는 것이고, 그렇지 않다면 생명이 누려야 할 최소한의 권리마저 빼앗기는 것이지요. 그렇기 때문에 더더욱 우리 역할이 중요해요. 동물이 어떻게 권리를 누리는가에 대한 문제는, 우리가 어떤 마음으로 그들을 바라보고 이해하는가에 달려 있다고 해도 지나친 말이 아니에요.

12. 왜 우리가 동물을 챙겨야 해요?

우리 사회에는 함께 어울려 살아가기에는 힘이 부족해 도움이 필요한 사람들이 있어요. 이를 '사회적 약자'라고 일컬어요. 사회적 약자나 소수자는 신체적으로나 문화적인 특징으로 인해 사회의 주류 구성원으로부터 차별을 받아 왔어요. 만약 그들이 아무리 약해 보여도 차별을 받지 않는다면 사회적 약자라고 부를 이유가 없어요. 그러나 사회적으로 차별이 존재하기 때문에 그들은 삶이 힘들다고 느끼는 경우가 대부분이지요. 역사적으로도 문제가 되었지만 여전히 우리 사회에서는 흑인, 여성, 장애인, 동성애자, 이주 노동자 등이 차별을 받아요.

동물 역시 마찬가지예요. 동물은 인간 사회에서 여러모로 차별을 받아 왔어요. 사람을 챙기는 게 더 중요하다고 얘기하는 사람도 있지만 시야를 넓혀 보면 생명을 구분해서 우선순위를 매기는 것 자체가 차별일 수 있어요. 여러분이 공감하고 마음을 열 수 있다면 그것이 어느 쪽이든 중요하지 않아요.

우리 사회에서의 약자는 우리와 같은 사람이기 때문에 최소한 자기의 의견을 얘기하고 권리를 주장할 수 있어요. 세상은 하루아침에 바뀌지 않고 사람의 인식 변화에도 시간이 필요하지만, 어쨌든 같은 사람이라는 입장에서 저는 그들이 어느 정도는 힘이 있다고 보는 편이에요. 사람이 아닌 동물에 비하면 말이지요.

동물에게는 우리와 다른 세계가 있어요. 기본적인 욕구가 같은 면도 있지만 우리보다는 많이 단순한 편이에요. 그런데도 우리와 매끄럽게 소통하지 못하기 때문에 더욱 열악한 상황에 놓인 약자라고 볼 수 있어요. 그들 스스로가 권리를 주장할 수 있는 것도 아니고요.

따라서 그것을 대신해 줄 수 있는 존재는 우리밖에 없어요. 사람에게 반드시 책임이 있다기보다, 우리가 사람이기 때문에 그들에게 무언가 해 줄 수 있다는 말이지요. 그랬을 때 인간으로서의 존엄성도 더욱 빛나고 스스로 자부심도 생길 거예요. 우리가 대변인 혹은 동물을 위한 실천자가 되는 게 맞지 않을까요?

동물을 좋아하지 않는데 어떡해요?

13. 동물은 더럽지 않아요?

어쩌면 그렇게 볼 수도 있어요. 우리가 많이 보아 온 동물의 환경이 열악했기 때문이지요. 시골 마당에 묶여 있는 개들은 목줄이 짧아 반지름 1미터가 세상의 전부인 경우가 많아요. 게다가 밥그릇과 물그릇이 제대로 갖춰져 있지 않고, 음식물 찌꺼기로 악취가 나는 경우도 많지요. 이런 풍경에 익숙한 어른들은, 동물이란 지저분한 환경에서 사는 것이 당연하다고 여겼어요.

그 어른들이 자식을 낳아 키우면서 동물은 더럽다고 얘기할지도 몰라요. 어른들의 경험 세계에서는 그 모습이 전부이니까요. 우리가 자라면서 많이 듣는 얘기는 결국 선입견으로 작용해요. 그래서 많은 사람이 그렇게 생각하는 것이 어쩌면 자연스러울지도 모르겠어요.

하지만 동물이 살아가는 환경이 나쁘다

세수해.

고 해서 동물 자체가 더러운 것은 아니에요. 사람도 오랫동안 씻지 못하고, 음식물 찌꺼기를 먹으며 흙바닥에서 산다면 더러워지는 건 당연해요. 평생을 양치질도 안 하고 산다고 생각해 보아요. 냄새가 얼마나 많이 나겠어요? 우리가 더러워서라기보다는 주어진 환경 때문에 그렇다는 얘기지요. 그러니 동물에 대해서도 다른 시선으로 바라볼 필요가 있다고 생각해요.

깔끔하기로 유명한 고양이는 매일 스스로 세수도 한답니다. 우리처럼 물과 비누를 쓰지는 않지만 온몸의 털을 목욕하듯이 핥고 나면

우린 씻는 걸 좋아해.

진흙으로 목욕해.

모래로 목욕해.

뽀송뽀송한 털을 유지할 수 있어요. 그걸 보통 그루밍이라고 해요.

 그리고 새는 물로 목욕하는 경우가 많고, 코끼리와 돼지는 진흙 목욕을 하는데 몸에 달라붙은 벌레들을 쫓는 효과가 있다고 해요. 또 닭은 모래 목욕을 하지요. 이렇듯 자연에 사는 동물은 스스로 몸을 지키거나 깨끗하게 유지하기 위해 다양한 방법으로 목욕을 해요.

 그런데 동물이 인간의 삶으로 들어와 살면서 자신의 몸을 건강하게 가꾸지 못하는 경우가 많아요. 좁은 축사에 갇혀 사는 돼지나, 진흙이 아닌 시멘트 바닥을 딛고 살아야 하는 동물원의 코끼리나, 결국 모든 동물은 더럽다는 누명을 쓰게 되었지요. 아무 잘못 없는 동물이 더러워지는 것은 누구에게 책임이 있을까요?

동물 자체가 더러운 것이 아니라
동물이 살아가는 환경이 나빠서 그래요.
사람도 오랫동안 씻지 못하고,
음식물 찌꺼기를 먹으며 흙바닥에서 산다면
얼마나 냄새가 많이 나고 더럽겠어요?

14. 동물은 위험하니 피해야 한대요!

동물이 위험할 수는 있어요. 그것은 사람도 마찬가지예요. 말이 통하는 사람들끼리도 서로에게 친절하지 않거나 더불어 잘 살아가지 못하는 경우가 많은데, 말이 통하지 않는 동물은 오죽할까요? 하지만 동물의 세계는 그렇게 복잡하지 않기 때문에 우리가 그들의 본능을 이해하고 몇 가지만 잘 지키면 큰 문제가 없어요.

우선 야생에 사는 동물은 사냥할 때를 제외하고는 본능적으로 다른 개체에게 다가가지 않아요. 먼저 피한다고 보는 편이 맞을 거예요. 자신에게 해를 입힐 가능성이 더 많기 때문이지요. 그들도 살아남는 것이 중요하기 때문에 스스로를 지키고자 한답니다.

그런데 사람들이 아무 생각 없이 먼저 다가간다면 동물은 자신에게 해를 끼치는 존재라고 판단해요. 반달가슴곰의 경우를 얘기했었지요. 야생에 적응한 곰을 등산길에서 만났다고 같이 사진을 찍고 싶어 한다면 곰이 화를 낼 가능성이 높아요. 화가 난 동물은 사람에게 상처를 입힐 수 있어요. 또는 야생 동물을 쫓는다고 사람이 공격적인 태도를 보인다면 더 공격적인 동물의 경우 우리에게 치명상을 입힐지도 몰라요.

고양이도 작은 동물이라고 만만하게 생각해서는 안 된답니다. 사

람에게 버려진 고양이는 덜하지만, 야생에서 태어난 길고양이나 산고양이는 생각보다 위험하거든요. 경고한다는 의미의 하악질은 기본이고, 막다른 궁지에 몰렸을 때는 날카로운 발톱으로 상대를 할퀴기도 해요. 그럼 깊은 상처가 날 수도 있어요.

사람과 함께 산책하는 개에게도 먼저 다가가지 않는 게 좋아요. 사람을 좋아하는 온순한 개는 별문제 없겠지만 그렇지 않은 개도 많거든요. 주인이 개 줄을 잡아끌어도 사고는 순식간에 일어나요.

이런 상황들을 종합해 보면, 우리가 기르는 반려동물을 제외하고는 함부로 다가가지 않아야 한다는 것을 알 수 있어요. 대부분의 동물은 자신이 궁지에 몰렸다고 판단되면 상대를 공격하는 것이 당연하니까요. 그것은 동물 자체가 위험하다기보다는, 위험한 상황에서 스스로를 보호하기 위한 본능이라고 할 수 있어요.

15. 동물이 무서운 사람은 어떻게 해요?

동물에게 먼저 다가가는 사람은 대체로 동물을 좋아하는 마음이 있어요. 모든 동물이 나와 친근하다고 생각하며 평소에 동물과 친하게 지내는 사람도 많을 거예요.

그런데 야생 동물이 기본적으로 다른 개체를 두려워하는 것과 비슷하게, 사람 또한 동물이라면 무조건 무서워하는 경우도 있는 것 같아요. 강아지가 주인과 산책하는 모습만 보아도 빙 둘러 도망갈 정도로 겁을 내는 친구들이 있지요? 그리고 강아지나 고양이 말고도 우리 주변에는 많은 종류의 동물이 있는데 그들을 똑같이 사랑하는 마음을 가진다는 것은 참 어려워요. 제 경우에도 뱀이나 지네를 보면 몸이 먼저 놀라거든요.

동물이 무섭다고 해서 꼭 동물을 싫어한다는 얘기는 아닐 거예요. 사람에게도 자신을 지키고자 하는 본능이 있기 때문에 동물이 나를 해칠지도 모른다는 두려움이 앞서면 도망가는 것이지요.

그것은 사람이나 동물이나 서로 마찬가지라는 생각이 들어요. 우리가 해칠 마음이 없는데도 도망가는 동물을 보면 '왜 저러지?'라고 생각하잖아요. 동물도 우리를 보면 같은 생각이 들 거예요. '아니, 나는 아무 짓도 안 했는데 왜 비명을 지르며 도망가지?' 이런 경우에는 우리가 특별히 무언가를 할 필요는 없고, 다만 동물에게 해를 끼치지 말아야 할 것 같아요. 무섭다고 해서 그들을 공격하는 것은 불필요한 행동이니까요.

> 야생 동물이 본능적으로 다른 개체를 두려워하는 것과 비슷하게, 동물이라면 무조건 무서워하는 사람도 있어요. 하지만 무섭다고 해서 그들을 공격하는 것은 절대 안 된답니다.

16. 동물이 이유 없이 공격하기도 해요!

언론에서도 종종 그런 문제를 다루지요. 우리 주변에서 흔히 볼 수 있는 개와 고양이 중에서 고양이는 대체로 몸집이 비슷하고 작은 반면, 개는 크기와 성질이 다양해요.

그래서 농림 축산 식품부에서는 공격적인 성질이 강한 8종을 맹견(사나운 개)으로 분류했어요. 맹견으로 분류된 개들은 주인 없이 혼자 돌아다니면 안 되고, 외출할 때는 목줄과 입마개를 하도록 했지요. 공격에 약한 어린이들을 보호하기 위해서 어린이집, 유치원, 초등학교, 특수학교 등의 출입도 막았고요.

그런데 맹견으로 분류되지 않은 개는 그럴 의무까지는 없답니다. 공공장소에서 목줄은 필수지만 입마개까지 해야 하는 것은 아니에요. 그러다 보니 공동 주택이나 공원처럼 사람이 많이 모여 있는 곳에서 예기치 않은 사고가 일어나기도 해요. 그런 사고는 정말 눈 깜짝할 사이에 일어나기 때문에 아무 생각 없이 있던 사람이나 특히 어린아이의 경우 크게 다치기도 하지요. 우리가 그런 상황까지 예상하며 늘 개가 어디서 튀어나올지 주의하며 다니기는 힘들 거예요.

이 경우에는 동물 주인의 노력이 필요해요. "우리 개는 안 물어요!"라고 하는 것은 주인 입장에서나 그렇지 언제 어디서 어떤 사고가 날지는 아무도 모르거든요. 그러니 특히 사람이 많은 장소에 갈

내가 키우는 반려동물이
소중한 만큼 다른 사람을
해치는 일이 없도록
해야 해.

맞다냥.

때는 목줄을 잡은 손에 더 힘을 주어야 해요. 맹견이 아니라도 평소 공격적인 성질이 있다면 입마개를 해서 사고를 예방하는 것도 좋은 방법이겠지요.

　원래 겁이 많은 동물도 공격적인 성향을 보여요. 내가 먼저 공격하지 않으면 상대가 나를 죽일 수도 있다는 두려움 때문이에요. 겁이 나기는 하지만 궁지에 몰리면 저나 여러분도 순간적으로 공격성이 나타날 수 있거든요.

　중요한 것은 사람이 반려동물을 어떻게 키웠는가 하는 문제예요. 전부는 아니지만 대체로 낯선 사람을 보면 동물도 달라진답니다. 공격적인 행동을 줄이는 방법으로 동물에게 간식이나 장난감으로 보상해 주는 것도 좋지만, 무엇보다 사람의 관심이나 사랑이 필요한 경우가 많아요. 반려동물을 입양할 때는 이 점을 충분히 생각하고 위험한 상황에서 반려견을 제어하는 방법을 배우거나 사람과 어울리는 기회를 자주 가지는 것이 좋아요. 내가 키우는 반려동물이 소중하다면 다른 사람도 소중하다는 것을 꼭 기억하면 좋겠어요.

17. 저는 동물을 싫어해요!

　누구나 동물을 사랑해야 하는 건 아니에요. 물론 다 같이 사랑하는 마음을 갖고 평화롭게 공존한다면 가장 이상적인 세상이 펼쳐지겠지만, 사회에는 다양한 사람이 함께 어울려 살아가니까요.

　동물을 무서워하는 사람보다 더 걱정되는 게 바로 동물을 싫어하는 사람이에요. 여러분은 그러지 않겠지만 어른들 세계에서는 종종 그 문제가 사회적으로 불거지거든요.

　길고양이를 잔인하게 죽이거나, 개를 트럭에 매달고 달리면서 동물에게 직접 해를 입히는 경우예요. 그것은 누군가를 싫어한다고, 그냥 눈앞에 보이는 것 자체가 싫다고 해서 직접 옳지 않은 행위를 하는 것이에요.

　싫다는 것은 내 마음에서 일어나는 일이에요. 어느 누구도 그런 마음을 부추기지 않아요. 내 생각이나 취향, 욕심이 그런 싫다는 느낌이 들게 하지요. 그렇다고 해서 싫은 마음까지 없애라는 얘기는 아니에요. 사람에게는 좋아하거나 싫어하는 개인적인 취향이 있기 마련이니까요.

다만 내가 싫다고 해서 다른 사람도 그걸 싫어하는 것은 아니에요. 모든 사람에게 해가 되는 것도 아니기 때문에 그 대상에게 해를 입히거나 죽일 권리는 없어요. 권리라는 말로 그럴듯하게 포장할 수 없는 문제랍니다. 권리란 나의 기본적인 행복을 위해 필요한 조건이지, 남에게 피해를 주면서까지 이루어야 할 목표는 아니거든요.

만약 여러분이 누군가를 싫어한다고 해서 그 사람에게 해를 입힌다고 가정해 볼게요. 그 모습을 보는 사람들은 여러분이 더 싫어질지도 몰라요. 여러분이 싫다고 그 사람들이 여러분에게 또 해를 입힌다면 어떻게 될까요? 우리가 사는 세상은 혐오와 폭력으로 얼룩지고 말 거예요. 사람들은 거기에 그럴듯한 이유를 달지만 어떤 경우에도 남에게 피해를 주는 행위는 옳지 않고, 권리라고 말할 수도 없어요.

동물을 싫어하는 마음은 어쩔 수 없더라도 그 마음이 더 커져서 동물을 괴롭혀서는 절대 안 된답니다.

18. 동물은 우리가 먹는 음식이잖아요!

　동물을 보면서 곧바로 음식을 떠올리는 사람이 거의 없듯이 식당에서 나온 음식을 보면서 동물을 떠올리는 사람도 드물 거예요. 대부분은 중간 과정을 생략하고 그 자체에 집중하기 때문이지요.
　우리가 먹는 음식 중에는 동물의 희생이 없으면 얻지 못할 것이 너무 많아요. 양념 치킨, 삼겹살, 짜장면, 탕수육, 햄버거, 스테이크, 바비큐 요리까지 여러분이 모두 좋아하는 메뉴들이에요. 이런 메뉴를 파는 식당의 간판에는 엄지손을 치켜든 닭이나 빙그레 웃는 돼지의 모습이 보여요. 윙크하는 소도 보이지요.
　그 모습을 보면 덩달아 기분이 좋아지는 것 같아요. 마치 동물이 스스로 요리되기를 바란 것으로 오해할 수도 있어요. 하지만 그 동물들은 자유로운 삶을 원했을 거예요. 어느 누가 피를 흘리며 죽고 싶을까요? 살점이 잘려 매운 양념에 범벅이 되고 싶을까요? 그런데 우리는 그런 사실을 까맣게 잊고 살아요. 생각해 본 적도 없을 거예요.

마음이
편하지 않네….

너도 바다를 누볐겠지.
그래도 먹고 싶다옹.

최근에 우리 사회에는 동물을 있는 그대로 보자는 인식이 널리 퍼져 가요. 건강을 위해서도 채식을 하자는 바람이 불지요. 동물 보호 단체에서는 열악한 환경에 있는 동물을 구조하는 일뿐만 아니라 우리나라의 개고기 문화를 반대하는 집회를 열기도 해요. 음식으로만 대할 때는 몰랐던 사실을, 동물을 사랑하고 그들의 삶을 들여다보면서 알게 되는 것이 아주 많거든요.

인간에게 희생당하는 동물의 삶을 알게 되면 생각보다 마음이 더 불편해질지도 몰라요. 하지만 불편하다고 눈을 감고 귀를 막고 음식만 즐긴다면, 보이지 않는 곳에서는 동물의 비명 소리가 끊이지 않을 거예요.

당장 우리 모두가 고기를 끊자는 얘기는 아니에요. 최소한 그들의 희생을 알고 동물이 곧 음식이라는 생각을 버렸으면 해요. 음식이기 전에 생명이고, 생명은 어떤 몸을 가졌든 살고자 하는 욕구와 기본 권리를 가진 존재들이니까요.

우리가 먹는 음식 중에는 동물의 희생이 없으면
얻지 못할 것이 너무 많아요. 동물의 삶을
들여다보면서 많은 것을 알게 되면 생각보다
마음이 더 불편해질지도 몰라요. 그렇다고 해서
당장 우리 모두가 고기를 먹지 말자는 얘기는
아니에요. 최소한 그들의 희생을 알고 동물이
곧 음식이라는 생각을 하지 않았으면 좋겠어요.

반려동물을 키우고 싶어요!

19. 생일 선물로 강아지를 받고 싶어요!

 언젠가 초등학생을 대상으로 한 설문 조사를 본 적이 있어요. 질문은 '어른이 되면 하고 싶은 것'이었어요. 여러분은 지금 어른이 아니기 때문에 당장 하고 싶어도 뭔가에 막혀서 하지 못하는 것들이 있을 거예요. 어른이 되면 그 뭔가가 풀리겠지요.

 여러분은 어른이 되면 무엇을 가장 해 보고 싶은가요? 설문 조사 결과를 보면 세계 여행이나 친구들과 밤새도록 노는 것 다음으로 반려동물 키우기가 있었어요. 지금은 부모님이 반대하니까 어쩔 수 없지만 어른이 되면 꼭 반려동물을 키우고 싶다는 마음이 나타난 것이지요.

 제가 강아지와 산책을 나가면 사람들은 대체로 귀엽다는 반응을 보여요. 작은 몸으로 사뿐히 걷는 모습을 보며 사랑스럽다는 느낌을 갖는 것은 자연스러운 일이에요.

 그런데 여러분이 한 생명을 책임지려면 만만치 않은 시간과 노력이 필요해요. 동물을 가족으로 받아들이면 여러분의 동생처럼 강아지나 고양이가 한 자리를 차지해요. 우리는 최소한 언니, 오빠, 형, 누나와 같은 존재가 되어야 해요. 언니가 동생을 챙기듯이 그렇게 살뜰하게 보살펴 주고 사랑해 주는 마음이 필요해요.

그 정도라면 자신 있다고요? 하지만 그게 끝이 아니에요. 학교에 가거나 친구와 놀러 나가고 없을 때 반려동물은 여러분이 오기를 눈이 빠지게 기다릴지도 몰라요. 그것이 하루 이틀 정도라면 큰 문제가 안 되겠지만 평생을 그렇게 살 수도 있다고 생각하면 정말 앞이 캄캄해지는 일이에요.

그리고 단순히 사료만 부어 준다고 동물이 건강하고 행복하게 자라는 건 아니에요. 앞서 동물의 권리, 기본적인 욕구에 대해서 알아보았지만 아무리 단순하다 해도 우리가 온전히 그 동물의 일생을 책임진다는 것은 결코 쉬운 일이 아니지요. 생각보다 돈도 많이 들어가는데 여러분에게는 아직 그럴 능력이 없어요. 그런 이유로 부모님이 반대하는 경우도 많다고 생각해요.

강아지를 좋아해서 강아지를 선물로 받고 싶은 마음은 이해해요. 그러나 여러분이 책임지기에는 힘든 점이 너무 많고, 더구나 생명이란 선물로 주고받는 물건이 아니에요. 연필 한 자루를 친구가 선물했다면 그것을 사용하지 않을 수도 있어요. 애지중지하며 필통 속에

넣어 두어도 아무 문제 없을 거예요. 그런데 강아지라면 얘기가 완전히 달라져요. 강아지는 생명이기 때문에 매일 필요한 무언가가 있어요. 그게 충족되지 않으면 생명을 잃을 수도 있어요. 애지중지 필통 속에 넣어 둘 수도 없는 노릇이지요.

 한 가지 더 마음속에 새겨 두어야 할 것은, 이렇게 동물을 사고파는 문화 때문에 동물을 공장 같은 공간에서 태어나게 한다는 사실이에요. 기계로 찍어 내는 것은 아니지만, 많이 팔아서 큰 이윤을 남기기 위해 귀여운 강아지들을 강제로 임신시키고 새끼를 많이 낳게 하지요. 그렇게 해서 태어난 강아지들을 펫숍이나 동물 병원의 아크릴 상자에 진열해요. 우리는 그것을 보고 귀엽다며 사 달라고 조르곤 하지요. 우리가 사랑하고 싶은 동물이 그처럼 열악한 환경에서 태어나 자라기를 바라는 사람은 아무도 없을 거예요. 기억해야 할 것은, 우리가 강아지를 사고 선물하기를 멈추지 않는다면 강아지를 강제로 태어나게 하는 사람들도 결코 줄어들지 않는다는 사실이에요.

20. 살아 있는 장난감 같아서 귀여워요!

인형은 움직이지 않는 게 많지요. 그중에는 건전지를 넣으면 움직이거나 소리를 내는 인형도 있어요. 반면에 동물은 생생하게 살아 있어서 더 실감이 나고 생김새도 귀여워서 '살아 있는 장난감'으로 여기는 사람들이 있어요. 동물을 무조건 싫어하거나 괴롭히는 사람보다는 낫지만, 장난감처럼 여기는 마음이라면 언젠가는 분리수거함에 버릴 수도 있다는 것을 의미해요.

실제로 어린아이들은 동물을 어떻게 다루어야 할지 모르는 경우가 많아요. 아이들의 눈에는 작은 털뭉치가 건전지를 넣은 것처럼 이리저리 귀엽게 움직인다고 생각할 수도 있어요. 그래서 인형처럼 들었다 놨다 하고 꼬집고 던지기도 해요. 아이들이 나쁜 마음으로 그러지는 않을 테지만 그 시간을 고스란히 견뎌야 하는 대상은 바로 동물이에요. 살아 있는 귀여운 동물이라는 이유로 장난감 취급을 당하는 경우가 많아요.

그걸 좋아하는 동물은 없을 거예요. 입장을 바꿔서 우리가 그렇게 막무가내로 아이들의 손에 시달린다고 상상해 보아요. 생각만 해도 정말 괴로워져요. 물론 여러분은 아이들처럼 동물을 마구 괴롭히지는 않겠지만, 우리 곁으로 와서 가족이 된 이상 애완동물이 아닌 반려동물이라는 사실을 기억하도록 해요.

드물지만 일부 엄마 아빠는 아이들에게 갖고 놀라고 강아지나 토끼를 사다 주는 경우도 있다고 해요. 엄마 아빠가 잘 몰라서 그러는 거니까 이제는 여러분이 큰 목소리로 말해야 해요. 동물은 사고파는 물건도 아니고 장난감도 아니라고요.

> 동물을 '살아 있는 장난감'으로 여기는 사람들이 있어요. 그러나 동물은 사고파는 물건도 아니고 장난감도 아니에요. 우리 곁으로 와서 가족이 된 동물은 애완동물이 아닌 반려동물이에요.

21. 길고양이를 데려오고 싶은데 어떻게 해요?

　모든 동물이 사랑스럽지만 특히 고양이에게 푹 빠진 사람이 많아 보여요. 제가 사는 곳에는 20여 마리의 길고양이가 같은 밥을 먹는답니다. 우연히 이곳에서 만난 고양이들이지요.

　처음에는 한두 마리의 배고픈 고양이가 눈에 띄어 밥을 주었더니 금세 소문이 났는지 가족과 친구를 불러 모으고 아기 고양이가 태어나고 해서 지금은 아주 많아졌어요. 특히 아기 고양이들을 처음 보았을 때 그 사랑스러움이란 어떻게 표현할 수 없을 만큼 애틋했지요. 눈을 뗄 수가 없더군요.

　길고양이와 우연히 마주친다면, 게다가 그 고양이가 예쁘기까지 하다면, 우리 마음은 사르르 녹아 집으로 데려오고 싶은 마음이 굴뚝같을 거예요. 그런데 생명을 거둘 때는 충분히 고민을 해야 해요. 독일에서는 길 잃은 동물을 입양할 때도 매우 까다롭듯이 우리도 그만큼 여러 가지 절차를 마련하는 것이 필요해 보여요. 우리는 길

위의 주인 없는 생명을 데려올 때 너무 쉽게 생각하는 경향이 있어요. 우리 스스로가 여건이 충분한지 먼저 생각해 보아야 해요.

비교적 안전한 공간에 사는 고양이 수명은 15년 전후라고 해요. 반면 길고양이 수명은 평균 3년 정도에 지나지 않아요. 그만큼 위험하고 혹독한 환경에 놓여 있다는 말이지요.

이런 이야기를 들으면 길고양이가 더 불쌍해 보이지만, 길 위에 있다고 함부로 데려올 수 없는 이유가 또 하나 있어요. 바로 태어난 지

얼마 안 된 아기 고양이의 경우예요. 엄마 고양이가 잠시 자리를 비운 사이에 아기 고양이를 데려와 버리면 나중에 엄마 고양이가 얼마나 놀라겠어요? 그러니까 그 주변에 다른 아기 고양이들이 있는지 살피고, 엄마 고양이가 돌아올 정도의 시간을 기다려 보는 것이 좋아요. 때로는 꽤 오랫동안, 여덟 시간씩 자리를 비울 수도 있어요.

누가 보더라도 아기 고양이가 위험에 빠졌다고 판단된다면 그때는 어른들에게 알려 도와 달라고 해요. 그렇게 인연이 되어 고양이와 행복하게 사는 사람도 많이 보았지만, 역시 여러분이 한 생명을 책임지기에는 많은 조건이 충족되어야 하니 가족과 충분히 상의하는 것이 필요해요.

예쁜 길고양이와 우연히 마주친다면
집으로 데려오고 싶은 마음이 굴뚝같을 거예요.
그런데 생명을 거둘 때는 충분히 고민을
해야 해요. 한 생명을 책임지려면 만만치 않은
시간과 노력이 필요하거든요.

22. 길고양이에게 밥을 주면 안 되나요?

거리에 돌아다니는 개가 있으면 대부분 사람들이 신고하거나 구조하여 유기견 보호소로 보내요. 그런데 고양이는 상황이 좀 달라요. 대부분은 누군가 버린 고양이라고 여기지 않기 때문에 보호소에 가는 경우가 아주 드물어요. 처음부터 길에서 태어나 살아가는 길고양이로 여기지요.

그 많은 길고양이가 스스로 살아가거나 사람들의 도움을 받기도 해요. 길고양이를 돌보는 사람들을 캣맘, 캣대디라고 부르는데, 이들이 겪는 어려움도 만만치 않아요. 고양이에게 사료를 준다는 이유만으로, 동물을 싫어하는 사람들에게 심한 말을 듣거나 물리적인 공격을 당하는 경우가 종종 있어요. 가끔은 뉴스에도 나올 만큼 서로 맞서서 살아가는 경우가 대부분이지요.

사람들이 길고양이에게 밥 주는 것을 반대하는 이유가 몇 가지 있어요. 맨 먼저, 그냥 고양이가 싫다는 이유도 있답니다. 특정 동물을 싫어하는 사람이 있을 수 있는데, 고양이는 왠지 눈빛이 기분 나쁘다거나 무섭다고 생각해요. 그런데 내가 싫어한다고 그 생명이 밥을 먹고 살아가는 것까지 막을 수는 없지 않을까요?

　두 번째로는 길고양이에게 밥을 주면 사람 사는 곳으로 자꾸 몰려든다는 거예요. 그러다 보면 쓰레기봉투를 찢기도 해서 지저분해진다는 것이죠. 쓰레기봉투를 찢는 이유는 무엇일까요? 심심해서 장난삼아 그럴까요? 배고픈 고양이들은 쓰레기라도 뒤져서 먹고살려는 거예요. 그 정도면 오랫동안 밥을 먹지 못해 너무 배가 고픈 상태예요. 그렇기 때문에 일정한 공간에서 넉넉히 사료를 준다면 이런 일이 생기지 않을 거예요.

　세 번째도 역시 밥을 주면 고양이의 개체 수가 많아진다는 것인데, 고양이가 많아지면 가끔 울음소리가 시끄러워 듣기 싫다는 거예요. 고양이들은 영역이 중요히기 때문에 자기들끼리 다투기도 해요. 번식기에는 짝을 찾는 소리를 내기도 하고요. 그건 본능이에요. 그런데 사람들은 우리 인간이 이룬 도시에 다른 동물의 수가 늘어나는 것이 못마땅한 거예요. 한 치의 양보도 없이 나만 잘 살겠다는 이기적인 마음으로 느껴져요. 시골이든 도시든 이 지구는 한 종류의 생명체에게만 생존을 허락한 건 아닐 거예요. 우리는 이 사실을 마음속에 새기고, 모든 생명과 더불어 산다는 마음가짐으로 길고양이를 바라보면 좋겠어요.

그런데 여러분이 캣맘, 캣대디 역할을 하기에는 역시 무리가 있다고 보여요. 왜냐하면 우선 사료 값을 부담하는 것이 문제일 수 있어요. 길고양이 한두 마리 정도라면 괜찮을 수도 있지만 대부분의 캣맘은 많은 고양이를 돌보거든요.

게다가 그 일은 한두 번으로 끝나지 않아요. 지속적으로 사료를 먹고 사는 고양이들이라면 야생에서 살아갈 힘을 잃기도 해요. 그렇기 때문에 평생을 책임질 수도 있어야 해요.

마지막으로 여러분은 아직 어리기 때문에 주변 사람들에게 심한 말을 듣거나 만에 하나 공격을 당하더라도 맞설 힘이 아직은 부족해요. 마음에 큰 상처가 남을 수도 있고, 때로는 여러분 자신이 위험한 상황에 빠질 수도 있어요. 그러니 주위에 정말 불쌍한 길고양이가 보인다면 부모님에게 먼저 알려 함께 도울 방법을 찾아보는 것이 좋겠어요.

23. 동물을 만지고 싶은데
저를 피해요!

공원에서 산책하는 예쁜 강아지를 보면 어떤 마음이 드나요? 먼저 여러분은 환호성을 지르고, 가까이 다가가 이름을 부르며, 뽀송뽀송한 털을 만지고 싶은 생각이 자연스럽게 들 거예요. 이런 모습이 쉽게 상상이 되고 가끔 볼 수도 있지만 대부분의 동물은 친해질 시간이 필요해요.

만약 여러분이 달려가 만지려고 한다면 강아지들은 겁을 먹거나 도망가고 말 거예요. 왜냐하면 여러분의 마음과 달리 적으로 받아들이기 때문이에요. 아직 우리가 어떤 사람인지 파악하지 못했는데 강아지 입장에선 어마어마하게 큰 덩치가 달려드니 겁이 나는 것이죠. 어른에 비하면 우리는 작지만, 강아지에게 여러분은 커다란 괴물처럼 보일 수도 있다는 사실을 잊으면 안 돼요. 그렇기 때문에 우리가 만지려고 할 때 동물이 먼저 피하는 것은 당연하답니다.

정말로 동물이 좋아서 가까이 다가가고 싶다면 충분한 시간을 주

어야 해요. 여러분이 동물을 해칠 적으로 느껴지지 않을 정도의 시간 말이에요. 그 시간이 정확히 어느 정도라고 말하기는 어려워요. 동물마다 다를 수 있어요. 우리가 친구를 사귈 때 금방 친해지는 경우도 있지만 그렇지 않은 경우도 많잖아요. 그것과 마찬가지예요.

이 사실을 충분히 알고 편안하게 기다려 준다면 기적처럼 동물이 먼저 다가와 여러분의 냄새를 맡을 거예요. 적이 아닌 친구의 냄새가 나는지, 어떤 습성이 있으며 어떤 생활을 하는 사람인지, 나를 정말 좋아하는 사람인지, 동물은 이것저것 탐색을 하는 거예요. 탐색이 다 끝나고 마침내 여러분이 안전하다고 판단되면 그때는 꼬리를 흔들며 여러분을 반길 거예요. 그때부터 우리는 동물과 함께 웃으며 즐거운 시간을 보낼 수 있어요.

대부분의 동물 교감 전문가와 훈련사는 이런 식으로 동물을 대해요. 그들은 성급하게 다가가기보다 동물을 존중하고 먼저 배려하는 마음을 보여 준답니다.

24. 딴 데 신경 쓰지 말고 공부나 하래요!

아마도 동물을 좋아하는 친구들이 부모님을 조르다 보면 이런 얘기를 듣기도 할 거예요. 우리도 강아지 키우면 안 돼요? 길고양이 데려오면 안 돼요? 그럼 공부나 하라는 답변이 돌아와요. 엄마 아빠 입장에서는 능력도 안 되는 여러분이 동물을 데려다 뭘 어쩌려고 그러는지 답답한 마음이 들 수도 있어요. 반려동물을 집에 들이게 되면 사실상 거의 모든 뒤치다꺼리는 어른들 몫이 되거든요. 동물의 밥을 챙기거나 산책과 목욕, 더 자주 해야 하는 집안 청소까지 말이에요.

그렇다고 우리가 어른들 몰래 동물을 집에 데려온다는 것은 꿈도 꿀 수 없는 일이긴 해요. 장난감처럼 어디 숨겨 놓고 가끔 들여다볼 수도 없는 노릇이지요. 살아 있는 생명이기 때문에 자꾸 움직이니까요. 제가 아는 어떤 학생은 아픈 길고양이를 몰래 데려와 침대 밑에 숨겼다가 고양이 우는 소리에 들통이 났어요. 다행히 어른들이 고양이를 병원에 데려가 치료를 받게 해 주었고, 다른 가족을 찾을 때까지 보호해 주는 것으로 마무리가 되었지요. 하지만 이런 사례는 아주 드물어요. 여러분 가정에서 이런 일이 일어난다면 가족이 어떤 반응을 보일지 한번 상상해 보아요. 아마 집이 발칵 뒤집힐 정도로 난리가 날지도 몰라요.

  누구나 어릴 때 많이 듣는 얘기 중 하나가, 딴생각 말고 공부나 열심히 하라는 말일 텐데 그럴수록 공부는 더 하기 싫어지고 하지 말라는 것에 더 마음이 가기도 하지요. 저도 그랬으니까 여러분 마음을 충분히 이해해요. 그렇더라도 우리가 반항심만으로 동물을 몰래 데려올 수는 없으니 현명한 방법을 찾아보아요. 가장 좋은 것은 부모님 말씀처럼 열심히 공부하는 것이지만, 여러분 마음에서 동물이 떠나지 않는다면 당장 동물을 키우는 것 말고도 다른 실천 방법들이 있을 거라고 생각해요. 이 내용은 책의 마지막 부분에서 함께 생각해 보기로 해요.

엄마 아빠 입장에서는 여러분이 동물을 데려다
뭘 어쩌려고 그러는지 답답한 마음이 들 수도
있어요. 반려동물을 집에 들이게 되면 사실상
거의 모든 뒤치다꺼리는 어른들 몫이 되거든요.
동물의 밥을 챙기거나 산책과 목욕, 지금보다
더 자주 해야 하는 집안 청소까지 말이에요.

동물은 어떻게 아파하나요?

25. 동물도 고통을 느끼나요?

 동물 보호법에서의 동물은 기본적으로 '고통을 느낄 수 있는 신경 체계가 발달한 존재'로 정의해요. 이러한 개념을 밝혀 두고 나니 '고통을 느끼는 존재'로서의 동물은 동물 보호법이나 동물 복지법에서 가장 기본적인 바탕이 되는 것이지요.

 여러분도 들어 보았을 유명한 철학자 데카르트가 있어요. '나는 생각한다. 고로 존재한다.' 라는 명제로 지금까지도 사람들 입에 오르내리는 인물이지요. 그런데 데카르트는 동물을 다른 시선으로 보았답니다. 신체적 고통이 가해졌을 때 동물이 내는 소리는, 태엽을 감은 시계가 바닥에 떨어졌을 때 시계가 부서지면서 나는 소리와 같다고 본 거예요. 동물은 생각할 수 없기 때문에 감정이 없고, 따라서 고통도 느끼지 못하는 존재라고 결론 내린 것이지요. 이러한 논리가 있었기 때문에 과학자들이 동물 실험을 하며 팔다리를 자르고 불에 태워도 아무 문제 없다고 여겼어요. 여러분은 어떻게 생각하나요? 지금은 아무도 데카르트의 논리에 동의하지 않을 거예요. 그런 면에

서 저는 여러분이 데카르트보다 위대하다는 생각이 들어요.

　데카르트가 살았던 시대가 지나고 18~19세기에 이르러서야 동물을 대상으로 실험하는 일에 감정적인 고통을 느끼며 공감하는 과학자들이 나타났어요. 사실 그전에도 동물이 고통스러워하는 모습을 보면서 그들도 우리와 똑같이 아픔을 느끼는 존재라고 생각한 사람이 많았을 거예요. 그러나 사회적으로 영향력 있는 사람들이 내리는 정의가 그 사회를 대표하는 경향이 있어요. 동물이 고통을 느끼는가 느끼지 못하는가에 대한 질문은 지금 보면 너무나도 간단히 대답할 수 있는 문제인데도 과학이 이를 증명하기 전에는 선뜻 그것을 진리로 받아들이지 않았다는 말이지요.

사람이든 동물이든 기쁘거나 슬프거나 고통스러울 때 반응하는 것은 다르지 않아요. 그것은 언어로 표현되지 않지요. 사람은 '기쁘다'고 말할 수 있고, '슬프다'는 단어로 자신의 마음을 나타낼 수 있어요. 그게 아니라도 기쁨은 얼굴의 미소로 나타나고 슬픔은 눈물이 되어 흐른다는 것을 누구나 알 거예요. 또 고통스러울 때는 어떤가요? 얼굴이 찡그러지고 심할 때는 비명을 질러요.

강아지가 웃는 얼굴을 본 적이 있나요? 반려견을 키워 본 사람은 아마 다 알 거예요. 강아지도 기쁠 때는 활짝 웃는답니다. 믿기지 않겠지만 사실이에요. 슬플 때는 눈빛만 봐도 그 마음을 읽을 수 있어요. 실제로 동물도 눈물을 흘리지요. 또 고통스러울 때는 얼마나 처절하게 울부짖으면서 도와 달라고 하는지 몰라요.

설령 동물이 우리처럼 생각할 줄 모른다고 하더라도 그것이 우리가 동물을 함부로 대하는 이유가 될 수는 없어요. 말을 하지 못한다는 이유도 마찬가지고요. 우리가 동물을 대할 때 헤아려야 할 점은 단 한 가지면 충분해요. 바로 동물도 우리와 똑같이 고통을 느낀다는 점이에요.

26. 무엇이 동물 학대예요?

동물 학대에 대해서는 좀 더 자세히 살펴볼 필요가 있어요. 무엇이 동물 학대일까요? 동물을 때리는 것? 괴롭히는 것? 죽이는 것? 이 모두가 학대에 해당할 수 있어요. 하지만 이 중에는 학대가 아닌 경우도 있어요. 알쏭달쏭하지요?

어떤 동물 때문에 우리가 위험에 빠진 경우를 상상해 보아요. 덩치가 큰 개가 달려들어 우리를 물었을 때 가만히 있을 수만은 없겠지요? 그때 우리는 개를 떼어 놓으려고 손에 든 무언가로 개를 때릴 수도 있어요. 그때는 어떤 생각이나 판단이 아니라 내 몸을 지키려고 순간적으로 그런 반응이 나오는 거예요. 이렇듯 자신을 방어하기 위해서 어쩔 수 없이 동물에게 고통을 가하는 경우는 학대라고 볼 수 없어요. 여러분도 소중한 생명이니까요. 그러나 방어를 넘어 지나치게 공격하는 경우라면 학대에 해당한답니다.

조금 끔찍하지만 실제로 있었던 사건 하나를 얘기해 볼게요. 이웃집 맹견이 자신의 개를 물었다고 개 주인이 전기톱을 들고 찾아가

이웃집 개를 죽인 일이 있었어요. 이는 개 싸움이 사람 싸움으로 번진 데다 불필요하게 감정을 폭발시키는 바람에 비극이 되었지요. 이 사람은 유죄 판결을 받았답니다. 정당하게 방어한 범위를 넘어섰다고 본 것이지요.

또 다른 상황을 생각해 볼까요? 여러분이 무인도에 혼자 있어요. 두려움은 커지고 시간이 갈수록 배가 고파질 거예요. 스스로 식량을 해결해야 하니 어쩔 수 없이 사냥을 하게 되겠지요? 지나가던 동물을 잡아먹었다고 가정해 보아요. 동물을 잡아서 죽이는 과정이 반드시 필요하지만 이 경우에도 동물 학대라고 보기는 어려워요.

정리하자면, 동물 학대란 자기방어나 생존에 필요하지 않음에도 사람을 제외한 다른 동물에게 고통을 주는 것을 의미해요. 이해가 좀 되었나요? 우리 사회에 빗대어 살펴보자면 재미를 위해서 동물을 고통스럽게 하는 것, 동물의 싸움을 부추겨 도박판을 벌이는 것, 화풀이 삼아 동물을 때리거나 죽이는 것 등등이에요.

학대를 하는 방법은 대부분 잔인해요. 또는 우리가 얘기하는 동물 권리를 깡그리 무시하는 것도 넓은 의미에서 동물 학대에 해당하지요. 어딘가에 가두거나 묶어 놓고 때리는 것은 말할 필요도 없고, 음식이나 물을 주지 않는 것도 학대에 해당한답니다. 동물과 함께하는 사람은 그 동물을 보살펴야 할 의무가 있는데, 그 기본적인 의무

이 두 가지 외에
고통을 주는 행위는
동물 학대예요.

맞다냥.

를 다하지 않음으로써 동물이 고통을 당하는 거예요.

동물 학대는 우리 사회가 풀어 가야 할 숙제로 떠올랐어요. 잊을 만하면 잔인한 방법으로 동물에게 화풀이를 하거나 이유 없이 괴롭혀서 죽어 가는 동물이 너무 많아요. 동물을 학대하는 사람은 다른 사람도 학대할 수 있다고 하지요. 우리 사회를 소스라치게 했던 범죄자의 상당수가 과거에 동물을 학대한 적이 있다고 해요.

동물 학대는 형사 처벌 대상이지만 아직은 처벌 정도가 그리 높지 않아요. 당사자들은 억울하다고 하는데 이유 없이 죽어 간 동물은 얼마나 더 아프고 억울할까요? 동물을 사랑하는 사람들은, 이런 범죄가 사라지려면 처벌 정도를 훨씬 높여야 한다고 주장한답니다.

> 동물 학대란 자기방어나 생존에 필요하지 않음에도 동물에게 고통을 주는 것을 의미해요. 동물과 함께하는 사람은 그 동물을 보살펴야 할 의무가 있어요. 그 기본적인 의무를 다하지 않으면 동물이 고통을 당해요.

27. 차에 치여 다친 동물을 보면 어떻게 해야 하나요?

　차를 타고 지나다 보면 도시에서도 그렇고 시골길, 고속도로 할 것 없이 동물이 차에 치여 다치거나 죽은 모습을 볼 수 있어요. 어떤 경우에는 생김새를 알아볼 수 없을 정도로 여러 차례 짓이겨진 모습도 보이지요. 그럴 때 여러분은 어떤 마음이 드나요? 제가 본 사람들의 반응은 대부분 인상을 찌푸리더군요. 사고 당시 동물의 고통이 떠오르는 데다 어쩔 수 없이 죽어 가는구나 싶어 마음 아파서 그럴 거예요. 여러분도 크게 다르지 않을 거라는 생각이 들어요.

　그런데 동물을 치고 도망가 버려도 형사 처벌이 되지 않는다고 해요. 사람을 치고 달아났다가 피해자가 죽으면 무기 징역까지 선고되는 중대 범죄인 반면에, 동물이 죽었을 때는 운전자에게 법적인 책임을 물을 수 없다는 얘기지요. 다만 이때에도 고의성이 없어야 한답니다. 만약 일부러 동물을 학대할 목적으로 차로 들이받는다면 동물 보호법에 따라 처벌받아요.

다치거나 죽은 동물로 인해 다른 운전자도 위험해질 수 있답니다. 동물을 피하려고 급하게 핸들을 꺾다 보면, 특히 고속도로라면 차가 뒤집히는 사고로 이어지기도 하거든요.

우리가 그런 현장을 목격한다면 어떤 일들을 할 수 있을까요? 당장 차를 세워 달라고 해서 다친 동물을 구조해야 할까요? 그럴 수 있다면 좋겠지만 차가 많이 다니는 길에서라면 2차 사고를 일으킬 수도 있으니 주의해야 해요. 그래도 상황만 허락한다면 차를 갓길에 세우고 동물이 크게 다치지 않았을 때는 근처의 동물 병원으로 데리고 가면 좋을 것 같아요. 그러면 동물도 구하고 2차 피해도 막을 수 있겠지요.

동물 구조 센터죠?

시골길에서 다치거나 죽은 동물을 보았다면 환경 신문고로 신고하면 되고, 주로 야생 동물이 치인 고속도로에서라면 각 지역의 야생 동물 구조 센터에 신고하는 방법도 있어요. 이처럼 여러 방법이 있지만 문제는 여러분이 처리하기에는 다소 무리가 있다는 점이에요. 운전을 직접 하는 것이 아니기 때문에 차를 마음대로 세울 수 없을뿐더러, 각 지역의 신고 센터에 전화를 거는 것도 사실상 쉽지 않은 일이지요. 그래도 이 정도나마 기억해 두면 정말 필요한 상황에서 여러분의 지혜가 큰 힘을 발휘할 거라고 생각해요.

모든 목숨은 한번 사라지면 다시 돌아올 수 없기 때문에 생명 하나하나를 대할 때의 마음가짐은 항상 조심해야 해요. 운전하는 사람도 늘 주위를 잘 살피고, 특히 야생 동물이 많이 다니는 곳에서는 주의를 기울여야겠지요.

28. 동물원의 동물은 행복한가요?

　누구나 동물원에 가 본 적이 있을 거예요. 날씨 좋을 때 소풍이나 가족 나들이를 가면 기분이 한껏 들뜨지요. 주변에서 만날 수 없는 다양한 동물이 있고, 야생에서라면 위험하지만 우리에 갇혀 있으니 겁먹지 않고 돌아다녀도 되는 곳, 많은 사람이 즐거운 마음으로 사진을 찍는 곳이에요. 저도 동물을 좋아하니 어렸을 때는 동물원 가는 날을 손꼽아 기다렸답니다.

　동물원에서 가장 기억에 남는 동물은 무엇인가요? 저는 땅에 사는 동물 중 가장 크다는 코끼리가 인상적이었어요. 코끼리에게 먹이를 주면서 코를 직접 만져 볼 수도 있다는 사실에 심장이 두근두근했지요. 코로 뭐든 받아먹으며 손처럼 자유자재로 움직이는 모습도

동물원 말고
숲속에서 관찰하는 건 어때?

좋다냥.

신기했고요.

그런데 코끼리가 원래 살던 곳은 아시아의 초원이나 산림 지역, 드넓은 아프리카 대륙이에요. 야생에서 살았더라면 그 넓은 땅을 누비며 여기저기 자유롭게 다녔을 코끼리가 동물원으로 옮겨지면서 주어진 땅은 야생에서의 1,000분의 1에도 못 미친답니다.

북극곰도 상황이 크게 다르지 않아요. 끝도 없이 넓은 자연이 모두 북극곰의 영역이었다면 동물원에서는 100만분의 1도 안 되는, 코끼리보다도 훨씬 열악한 상황에 놓이는 것이지요. 공간이 좁아진 것은 크게 중요하지 않을 수도 있어요. 대부분 얼음으로 덮어 있는 북극 지역에서 살다가 한국의 뜨거운 여름을 견뎌야 할 때가 오면 얼마나 괴로울까요? 야외에는 빵빵하게 에어컨을 틀어 줄 수도 없어요. 그 커다란 덩치가 두툼한 털옷을 입은 채 얼음 몇 조각으로 여름 한 철을 견뎌 내야 한답니다. 사실 겨울을 제외한 모든 계절이 북극곰에게는 뜨거운 여름과 같을지도 몰라요.

또 여러분에게 인기가 많은 돌고래도 있지요. 돌고래 쇼는 사람들이 환호하는 가운데 조련사가 이끌어 가는데, 잘 훈련된 돌고래들이 사람 말을 알아듣는 것처럼 물속에서 튀어 오르는 모습을 볼 때면 우리 마음까지 시원해지는 것 같아요.

그러나 이 모든 장면은 동물이 겪어야 하는 고통의 시간을 몰랐을 때나 느긋하게 바라볼 수 있답니다. 드넓은 바다에서라면 돌고래들이 즐겁게 헤엄치며 싱싱한 물고기를 사냥할 텐데, 수족관에 갇히는 신세가 되었으니 사람이 주는 것 말고는 아무것도 먹을 게 없어요. 게다가 바다처럼 넓은 공간이 아니라 사방이 벽으로 둘러싸인 한정된 공간이라는 점도 답답할 거예요. 어쨌든 먹고는 살아야 하니 죽은 물고기라도 받아먹기 위해 고된 훈련을 받는답니다. 그렇게 해서 우리 앞에 선보이고 우리가 환호하는 것이 바로 돌고래 쇼예요.

그렇다면 이번에는 제가 여러분에게 물어볼게요. 동물원의 동물은 행복할까요?

<u>코끼리가 원래 살던 곳은 아시아의 초원이나 산림 지역, 드넓은 아프리카 대륙이에요. 야생에서 살았더라면 그 넓은 땅을 누비며 여기저기 자유롭게 다녔을 거예요. 코끼리가 동물원으로 옮겨지면서 주어진 땅은 원래 살던 곳의 1,000분의 1에도 못 미쳐요.</u>

29. 인류를 위해서 동물 실험은 필요하지 않나요?

 동물 실험이란, 사람을 대신해서 살아 있는 동물에게 다양한 실험을 하는 거예요. 약물을 몸속에 넣거나 피부에 떨어뜨려 상처를 입혀서 그 반응을 보아요. 또는 동물을 해부하여 몸을 관찰하거나 유전적 특징, 성장 과정, 행동 양식 등을 연구하기도 해요.
 우리 몸이 아플 때 당장 약을 찾고 병원에 가서 도움을 받기 때문에 동물 실험은 꼭 필요하다고 생각하는 사람이 많은 것 같아요. 우리 중 누구도 다른 사람을 위해 테스트용으로 쓰이고 싶지 않을 테니까요. 그 마음도 충분히 이해해요.
 약을 만들거나 병을 고치기 위해 동물 실험을 한다고 생각하기 쉽지만 인간에게 필요한 거의 모든 분야에서 동물 실험이 이루어진답니다. 우리가 잘 알지 못했지만 화장품을 만들 때에도 동물로 실험을 했어요.

다행히
내가 쓰는 로션은
동물 실험을 안 했대.

그거 좋다냥.

동물 피부에 다양한 화학 성분을 바르면서 어떤 부작용이 있는지 알아보고 사람에게 해를 끼치지 않도록 지속적으로 연구한다고 하죠. 동물 실험이라는 잔혹성 때문에 유럽 연합(EU)은 1993년 화장품을 개발할 때 동물 실험을 금지한다고 했고, 2013년부터는 화장품 완제품과 원료 생산에서도 동물 실험이 금지되었어요. 이렇게 법으로 금지하는 국가가 점점 늘어나는 추세이지요.

우리나라는 2017년에야 새로운 화장품법이 시행되면서 '동물 실험을 한 화장품 또는 원료를 사용하여 제조하거나 제조된 화장품의 유통·판매를 원칙적으로 금지'하게 되었지만, 중국 등에 수출할 때는 그 나라에서 요구하기 때문에 이를 허용하기도 해요. 중국은 우리나라에서 가장 많은 화장품을 수입하는 나라라서 기업 입장에서는 중국이라는 커다란 시장을 포기할 수 없답니다. 우리 기업은 수출을 위해서라도 어쩔 수 없이 동물 실험을 해야 하는 거죠. 그래서 우리나라는 아직 완벽하게 동물 실험이 금지되었다고 보기는 힘들어요.

설령 동물 실험이 사람에게 이익을 준다고 하더라도 대체할 방법이 있다면 굳이 실험을 할 필요가 없을 거예요. 동물을 희생시키지 않아도 방법은 얼마든지 있답니다. 놀랍지요?

의학과 의약 분야에서 동물에게 실험을 하는 대신 인간의 사체를 연구하는 방법이에요. 인간에게 쓰이는 것이니 인간의 몸에서 그 해답을 찾는 게 어쩌면 당연하지 않을까요? 우리는 그동안 너무 무분별하게 동물을 이용했다는 생각이 들어요.

또 사람의 세포와 조직으로 하는 실험, 컴퓨터로 실험하는 시뮬레이션은 동물 실험으로 얻어 낸 어떤 결과보다 더 과학적이고 의미 있는 정보를 얻을 수 있다고 생각해요. 인공 피부를 이용하거나 다양한 대체 실험법도 계속 개발되는 상황이므로 조만간 거의 모든 분야에서 동물 실험이 사라지지 않을까 기대한답니다.

하지만 아직 상황은 그리 긍정적이지 않은 것 같아요. 여전히 동물 실험에 희생당하는 동물의 숫자는 계속 늘어 가거든요. 2018년 기준, 우리나라에서만 하루에 1만 마리 이상, 연 400만 마리에 가까운 동물이 우리를 위한 실험에 희생되었답니다.

<u>유럽 연합은 동물 실험의 잔혹성 때문에 1993년 화장품을 만들 때 동물 실험을 하지 못하도록 했어요. 우리나라는 2017년에야 새로운 화장품법이 시행되면서 동물 실험이 금지되었어요.</u>

30. 반려동물이 아프거나 죽으면 어떻게 해요?

　무엇보다도 우리 가까이에 있는 동물의 고통을 보는 것이 현실적으로 가장 와닿을 것 같아요. 바로 우리와 함께 사는 반려동물이에요.

　반려동물이 아프면 맨 먼저 찾게 되는 곳이 바로 동물 병원이에요. 동물은 어디가 아프다고 말을 하지 못하기 때문에 우리 눈에 아파 보인다면 질병이 상당히 진행되었거나 심각한 경우가 많아요. 간혹 꾀병을 부리는 경우도 있지만 대부분 아픈 내색을 별로 하지 않는답니다.

　사람들은 개와 고양이도 암에 걸리는지, 디스크나 관절염을 앓기도 하는지 궁금해하지만, 사람이 걸리는 병은 모두 동물도 걸릴 수 있답니다.

　게다가 동물 병원에서의 진료비는 생각보다 훨씬 비싸지요. 병원비 때문에 치료를 포기하고 동물을 버리는 경우도 종종 있어요. 요즘은 반려동물을 위한 보험 상품도 많이 나와 있다는데, 주변을 보면 그걸 이용하는 사람이 많지는 않은 것 같아요. 또 나이가 좀 많다 싶으면 보험 가입이 제한되기도 한답니다.

    반려동물이 아프면, 동물을 사랑하는 사람들은 자신의 수명이라도 나눠 주고 싶은 심정이라고 해요. 다른 사람들이 들으면 유별나다고 생각하기 쉽지만, 그 대상이 동물이건 사람이건 사랑하는 생명이라면 그런 마음이 드는 건 당연하지 않을까 싶어요.

어쨌든 동물이 많이 아프다면 그때부터 우리 마음은 혼란스러워지기 시작한답니다. 그때는 어떻게 해야 하는지, 동물 병원 말고는 딱히 도움을 받을 만한 곳이 없어 발을 동동 구르는 경우가 많아요. 요즘에는 온라인 커뮤니티도 활발해서 거기에서 정보를 얻기도 하지요.

그러나 선택과 결정은 항상 우리 몫으로 남는답니다. 어느 정도까지 치료를 받아야 하는지, 수술을 해야 할지 말아야 할지, 더 심각해지면 안락사 얘기까지 나오지요. 병원에서도 더는 치료할 방법이 없다거나 동물이 너무 고통스러워한다면 아무래도 안락사를 제안하게 될 거예요. 동물이 더는 고통스러워하지 않게 약물을 써서 하늘나라로 떠나보내는 일 말이에요.

그런데 보통은 선뜻 안락사를 선택하기가 어려워요. 그동안 가족처럼 지낸 생명을 죽음으로 밀어 넣는 것 같아 죄책감에 시달리기도 한답니다. 그런 죄책감이 싫어서 안락사를 선택하지 않은 사람은 다른 후회에 맞닥뜨려요. 그냥 편하게 보내 줄걸, 공연히 동물을 고통 속에 지내게 한 것 같아 미안하다고 말이에요. 우리는 어떤 경우라도 미안함과 후회 속에서 너무 아픈 이별을 하게 되는 것 같아요.

몇몇 동물을 제외하고는 대부분 사람보다 수명이 짧지요. 그중 반려동물로 가장 많이 기르는 종류가 개와 고양이인데 평균 15년 정도랍니다. 15년이라면 여러분 나이에서 이제 삶이 얼마 남지 않은 정도라고 볼 수 있어요. 그것도 주어진 삶을 다 누렸을 때 그렇다는 말이고, 주변을 보면 예기치 못한 사고로 죽는 경우도 많답니다.

여러분이 살아온 만큼의 일생을 함께한 반려동물이 늙고, 많이 아프고, 때가 되어 죽음을 맞이한다는 것은 이루 말할 수 없는 슬픔이에요. 그리고 이별의 슬픔은 남은 사람들의 몫이지요.

어떤 것도 그 슬픔을 대신할 수 없어요. 그나마 우리가 덜 아파할 수 있는 방법이라면, 반려동물과 함께할 때의 시간에 최선을 다하는 것이라고 생각해요. 그들과 함께하는 하루하루가 우리에게 주어진 마지막 순간처럼 말이에요. 그랬을 때 반려동물에게는 우리와 함께했던 순간들이 행복한 기억으로 빛나는 멋진 선물이 될 거예요.

> 반려동물과 함께할 때의 시간에 최선을 다해야 해요. 반려동물에게는 우리와 함께했던 순간들이 행복한 기억으로 빛나는 멋진 선물이 될 거예요.

동물 권리를 인정하면 뭐가 달라지나요?

31. 동물보다 사람이 먼저 아닌가요?

　동물 권리를 얘기할 때 가장 많이 나오는 반론이기도 해요. 우리는 주변에서 이런 말을 자주 들어요. 사람이 먼저다, 사람이 우선이다, 사람이 미래다, 사람이 꽃보다 아름답다 등등…. 인간으로서 존엄성이 인정되는 이 말들은 우리에게 긍정적인 자존감과 희망을 주지요.

　그러나 이 멋진 말을 잘못 사용하는 사례가 많아서 안타까울 때가 종종 있어요. 사람이 중요하다는 말은 다른 생명들은 중요하지 않다는 얘기가 아니랍니다. 모든 사람이 가치 있게 태어났고 존중받으며 살아야 할 필요성을 나타내는 말이에요. 그 말은 모든 생명에게도 해당된답니다. 여기서 누가 누구보다 위에 있어야 한다는 등 순위를 매겨서 중요도를 평가할 수 없어요.

　이와 비슷한 맥락으로 성경 말씀을 하나 얘기해 볼게요. 창세기를 보면 하느님은 인간에게 생육하고 번성하여 땅에 충만하고, 땅을 정복하고, 모든 생물을 다스리라고 했어요. 이 구절을 잘못 해석하면 어떤 일이 일어날까요? 특히 '정복하라'는 단어를 오해해서 자연 착

취라는 부정적인 영향을 끼치기도 했어요. 또 '다스리라'는 단어 때문에 모든 동물을 무력적으로 지배해도 된다는 근거로 삼기도 했답니다. 다스릴 수 있는 권한이 있기 때문에 지구상의 자연과 모든 생명을 마음대로 휘둘러도 된다고 본 것이지요. 인간은 이 지구에서 가장 막강한 힘을 가진 존재로 여겨졌고요.

그러나 잘 생각해 보면 임금이 백성을 다스릴 때, 임금을 위해서 백성을 마음대로 해도 된다는 뜻일까요? 다스린다는 것은 그 대상을 일방적으로 마구 부리고 빼앗거나 권력을 마음대로 휘두르는 것이 아니라 그들이 행복하게 살도록 보살펴야 한다는 의미예요. 그것이 바로 임금이 백성을 다스려 온 나라를 풍요롭게 하는 것이고, 인간이 자연과 생명을 다스려 모두가 평화롭게 공존하는 세상을 만드는 것이지요.

'사람이 먼저다'라는 말은 인간으로서 존중받지 못하고 사회에서 배려하지 못했던 일이 하도 많아서 사람의 권리, 즉 인권이 강조되었기 때문이라고 생각해요. 그런데도 앞뒤 맥락을 살피지 않고 인간의 이기적인 면모를 드러낼 때가 많아요. 어떤 동물보다 사람이 중요하고 사람이 먼저이기 때문에 다른 생명은 소홀히 대해도 된다는 식으로 말이지요.

사람으로서 당연히 누려야 할 기본 권리가 있듯이 동물에게도 권리가 있어요. 사람과 동물, 이렇게 이분법적으로만 구분한다면 어느 쪽의 권리 보장에도 도움이 되지 않아요. 동물 권리를 우리와 같은 생명으로서 누려야 할 기본권이라고 이해하도록 해요. 어느 것이 소중하다는 것은 그것을 제외한 다른 것들은 소중하지 않다는 의미가 아니니까요.

32. 그동안 사람이 동물을 챙겨 주지 않았나요?

언뜻 보면 그렇게 보일 수도 있어요. 가까이에 있는 반려동물을 보자면 우리가 번 돈으로 먹이고 재우고 보살피니까요. 그리고 야생에서 살았다면 다른 힘센 동물에게 잡아먹혔을지도 모르는데 동물원에 데려와 안전하게 보살핀다고 말하니까요. 버려진 동물을 유기동물 보호소에서 보호하는 것처럼 보이기도 하지요.

그러나 동물은 인간에 의해 피지배자의 위치로 살아왔어요. 지배자와 피지배자의 관계는 지배자가 얼마나 됨됨이가 바른가에 따라 상황이 달라지기도 하지만, 피지배자가 그다지 자유롭지 못하다는 점에서는 큰 차이가 없어요. 이를테면 우리가 회사에 노동력을 제공하고 월급을 받을 때, 갑을 관계로 계약서를 쓰는 것과 마찬가지예요.

그런데 사람 사이의 계약에서는 좋든 싫든 내게 필요하기 때문에 그런 관계를 맺어요. 좋아하는 일을 하면서 먹고살 수 있다면 그것만큼 행복한 일이 없겠지만, 별로 하고 싶지 않아도 먹고살아야 하니까 울며 겨자 먹기로 하루하루 힘들게 살아가는 사람도 많거든요.

　이때에도 부당한 대우가 있을 수 있어요. 요즘 말로 갑질이라고 하지요. 용감한 사람들은 갑질을 폭로하기도 해요. 이후에는 다른 피해자가 나오지 않기를 바라면서 사회에 고발하는 거예요. 그렇다고 지배자와 피지배자, 갑과 을의 관계가 평생을 가는 건 아니에요. 싫으면 언제든지 계약을 깰 수도 있고, 상황이 달라지면 위치와 역할이 서로 바뀔 수도 있어요.

　그럼 다시 사람과 동물의 관계를 볼까요? 사람과 동물의 관계는 항상 사람이 지배자였어요. 동물은 사람이 원하는 대로 노동력을 제공하고, 고기를 내주고, 재미를 위해 쇼를 해 주고, 새끼를 낳아 재산을 불려 주었어요.

　그렇다고 동물은 월급을 받지도 않아요. 간신히 목숨을 이어 갈 만큼 음식을 얻어먹을 뿐이었어요. 그것도 동물의 몸이 고기가 되기 전까지만 말이에요.

　또한 갑을의 역할이 바뀔 수도 없어요. 전적으로 사람의 마음에 달린 계약 관계니까요. 동물 입장에서 보면 심하게 부당한 계약이지요. 동물이 말을 못하기에 망정이지, 만약 우리처럼 목소리를 가졌다면 여기저기서 갑질 폭로가 터져 나오고, 사람들은 하루가 멀다 하고 재판을 받았을 거예요.

이런 문제가 이어져 온 것은 우리가 동물의 권리를 깡그리 무시했기 때문이에요. 만약 우리가 그렇게 착취당하는 동물 입장에서 목소리를 낸다면 무얼 요구할까요? 월급은 그렇다 치더라도, 동물 실험에 마음대로 이용하지 말 것이며, 농장에서 새끼만 낳으라고 강요하지 말 것이며, 살고 싶을 때까지 자유롭게 살게 해 줄 것이며, 함부로 죽이지 말라고 외칠 것 같아요.

여기까지만 보더라도 그동안 사람이 동물을 잘 챙겨 주었다고 말할 수 없어요. 게다가 동물의 비극이 날이 갈수록 심해지고 있는 이유는 바로 인간 사회가 산업화로 인해 거대해지고 욕심이 더 많아졌기 때문이에요. 잘 챙겨 주는 관계가 아니라 더 착취하는 관계로 말이에요.

사람과 동물의 관계는 항상 사람이 지배자였어요. 동물은 사람이 원하는 대로 노동력을 제공하고, 고기를 내주고, 재미를 위해 쇼를 해 주고, 새끼를 낳아 재산을 불려 주었어요.

33. 동물 권리가 인정되지 않아서 우리가 피해를 보았나요?

우리는 동물에게 얻은 것이 많기 때문에 오히려 도움을 받았다는 생각이 들어요. 동물 털을 뽑아 만든 오리털 점퍼는 따뜻했고, 아플 때는 동물 실험으로 만든 약을 먹었으며, 다양한 동물이 모인 동물원은 언제나 즐거웠지요. 하지만 이 책을 읽는 여러분이라면 이제 그런 것들이 즐겁지 않다는 것을 알았을 거예요. 그동안 일방적으로 우리 뜻대로만 해 왔던 것이 문제였다면 이제 조금 다른 이야기를 해 볼까 해요.

누구나 간단히 끓여 먹을 수 있는 국민 간식, 라면 이야기예요. 면발을 튀길 때 쓰는 건 팜유라는 기름이랍니다. 우리나라에서는 만들 수 없는 기름이지요. 팜유는 야자나무 열매로 만들어요. 야자나무는 아프리카가 원산지이긴 하지만 동남아시아에서 널리 퍼졌어요. 그 결과 인도네시아, 말레이시아, 태국에서 전 세계에 85% 정도의 팜유를 공급하지요.

팜유는 라면만 튀기는 게 아니라 피자, 도넛, 초콜릿에도 쓰이고 샴푸, 치약, 비누, 세제, 립스틱 등 생활용품에까지 두루 쓰여요. 이렇게 널리 쓰이다 보니 현지에서는 더 많은 팜유를 생산해 부자가 되고 싶었을 거예요. 어떻게 했을까요?

바로 농장을 넓히느라 자연의 숲을 없애 나갔어요. 그곳에 살던 동물은 갈 곳을 잃게 되었지요. 특히 '숲속의 인간'이라는 뜻을 가진 오랑우탄이 수없이 죽었어요. 숲을 태우면서 오랑우탄 가족들이 한꺼번에 몰살당하기도 했고요. 피그미코끼리, 수마트라코뿔소 같은 멸종 위기 동물도 많이 사라졌답니다. 오래도록 동물과 식물이 공존해 오던 숲과 토양을 파괴하면서 대기 중의 온실가스 농도가 높아졌고 공기는 오염 상태로 치닫게 되었어요.

이뿐만이 아니에요. 요즘 플라스틱 문제를 해결하자는 목소리가 높아지는데, 특히 우리나라에서 플라스틱 쓰레기가 너무 많이 나온답니다. 편리한 생활에 익숙해져서 플라스틱 그릇이나 컵을 사용하고 함부로 버리기도 해요. 그 쓰레기들이 강으로 바다로 흘러들면 물에 사는 생명에게도 피해를 주게 되지요. 바다 동물은 플라스틱을 먹이로 착각해서 이를 먹고 죽기도 해요. 모래사장에 떠밀려 온 동물 사체의 배를 열어 보면 온통 페트병이나 플라스틱 제품, 비닐봉지로 가득하답니다.

눈에 보이는 플라스틱은 청소라도 할 수 있지만 잘 보이지도 않는 미세 플라스틱은 작은 물고기 몸에 쌓이지요. 우리는 그 바다 생물을 먹고 살아요.

우리가 직접적으로 동물을 해치려는 의도가 없었다고 얘기할 수 있을까요? 다만 팜유 농장만 넓히고 싶었다고, 플라스틱은 다 재활용하는 줄 알았다고 말할 수 있을까요?

자연에 기대어 사는 우리가 환경 문제를 고민하지 않는다면, 수많은 동물이 당장 고통 속에 죽어 가고 결국 우리도 병들어 갈 거예요. 동물이 자연 속에서 건강하고 행복하게 살 권리를 빼앗았기 때문에 마침내 우리도 아프기 시작했답니다. 지구가 건강하지 않으면 우리도 건강할 수 없어요.

> 오리털 파카, 동물 실험으로 만든 약, 동물원, 팜유 농장, 플라스틱 쓰레기… .
> 동물이 자연 속에서 건강하고 행복하게 살 권리를 빼앗으면 우리도 건강할 수 없어요.

34. 권리가 필요 없는 동물도 있지 않을까요?

권리가 필요 없는 동물이란 무엇을 의미할까요? 커다란 코끼리나 사람과 비슷한 원숭이가 아닌 작은 동물을 말할까요? 사람에게 병균을 옮기는 쥐? 여러분이 싫어하는 바퀴벌레? 아주 작은 개미는 권리가 필요 없을까요?

여기서 다시 한번 '권리'의 의미를 되짚어 보도록 해요. 우리 헌법은 사람의 존엄성과 행복을 추구할 권리를 보장해요. 인간이 생명으로서 존엄한 존재라는 사실과 모두가 행복을 누리며 살아갈 수 있도록 법으로 보장해 주는 것이지요.

이 권리를 동물에게 적용해 본다면 동물 역시 생명으로서 존엄한 존재라는 것이 기본 개념이 된답니다. 생명을 얻어 태어났으니 그것을 유지하는 것이 생명권이자 기본권이라고 할 수 있어요.

그럼에도 동물은 사람의 필요나 즐거움을 위해 희생되어 왔어요. 그들에게 생명권이 없어서 희생된 것이 아니라, 인간으로부터 동물 권리를 보호받지 못했기 때문에 생명권이 사라졌던 것이지요. 인간의 생활 영역과는 다르지만 이 지구에 존재하는 다른 개체로서 사람과 동등한 생명이라는 사실이 받아들여져야 한다는 것은 동물 권리를 이야기할 때 가장 중요한 핵심이랍니다.

권리가 필요 없다는 것은 생명으로 살아갈 이유가 없다는 것을 뜻해요. 그렇다면 왜 그들은 생명으로 태어났을까요? 그리고 우리는 왜 태어났을까요?

우리 중에도 살아갈 이유가 없는 사람이 있을까요? 누구의 삶이 다른 사람의 삶보다 가치 없다고 얘기할 수 있을까요? 생명은 모두 자신만의 역할을 안고 이 땅에 온답니다. 인간도 동물도 식물도 모두 마찬가지예요. 우리가 모두의 역할을 다 알지는 못해요. 그러나

> 동물은 사람의 필요나 즐거움을 위해 희생되어 왔어요. 그들은 생명권이 없어서 희생된 것이 아니라, 인간으로부터 동물 권리를 보호받지 못했기 때문에 생명권이 사라졌던 거예요.

이 땅에 태어난 이상 우리는 모두 조화롭게 살아갈 권리와 의무가 있다고 생각해요.

그런 의미에서 보자면 동물 역시 어떤 종(種)도 살아갈 가치가 없다고 판단할 수는 없어요. 더더구나 우리 인간이 동물을 판단할 권리는 없지요.

때로는 사람에게 피해를 주기 때문에 유해 동물, 해충이라고 부르기도 해요. 산으로 들로 먹이를 찾아다녔을 뿐인데 농작물을 망친다고 멧돼지나 고라니를 유해 동물로 규정하기도 하지요. 평화의 상징이었던 비둘기는 개체 수가 증가해 처치 곤란한 동물로 낙인찍혔어요. 그래서 유해 조류라고 부른답니다. 그렇다면 동물에게 우리 인간은 어떤 존재일까요? 인간은 동물에게 해를 끼치지 않았던가요? 생각해 보면 동물에게 인간이야말로 가장 포악한 유해 동물이 아닐까요?

만약 어떤 동물 종에게는 권리가 필요 없다고 본다면, 그것은 우리 인간이 지금까지 동물을 이용해 왔던 행태에서 가치가 없거나 피해를 주기 때문에 그렇게 판단하는 거예요. 그러나 이제 더는 동물이 인간을 위한 돈의 가치로, 필요 이상의 음식으로, 실험 도구로, 옷의 재료로, 오락의 수단으로 쓰여서는 안 된답니다.

35. 동물이 세상을 지배하게 되면 어떡해요?

정말 재미있는 질문이에요. 한번쯤은 상상해 볼 만하지요. 코끼리가 대통령이 되어 우리나라를 지배한다면? 고릴라가 교장 선생님이 된다면? 매우 새로운 경험이라 며칠간은 신이 날지도 모르겠어요.

그런데 동물이 인간 세계를 지배할까 봐 걱정이 된다면 우리가 그동안 무언가 잘못했다는 뜻일 거예요. 그렇지 않다면 설령 코끼리가 대통령이 된다고 해도 두려울 것이 뭐가 있겠어요?

 우리가 다루는 동물 권리는 인간이 누리는 평등권, 자유권, 참정권, 사회권 등을 함께 누리자는 뜻이 아니에요. 그간 동물은 가장 기본적인 생명권마저 빼앗긴 채 태어나서 고통 속에 살다 떠났기 때문에 그것만이라도 제대로 보장해 주자는 말이지요.

생명이 필요로 하는 것은 고작 그들만의 자연 및 생명 유지에 필요한 음식과 휴식 정도면 충분하답니다. 물론 이 과정에서 인간에게 이용당하거나 고통당하는 일은 없어야 할 거예요.

동물에게 그 정도의 권리만 인정해 주어도 아주 많은 동물이 행복하게 살아갈 거예요. 그동안 인간에게 당했던 일이 분하고 억울해서 복수를 할 것 같지는 않아요. 어쩌면 인간에 대한 기억이 싫어서 우리에게서 멀리 떠날지도 모르겠어요. 인간과 동물의 역할이 뒤바뀔 것 같지도 않고요. 오히려 훨씬 더 평화로운 세상이 펼쳐질 거예요. 사실 이런 저의 생각은 막연한 추측일 뿐이에요. 왜냐하면 한 번도 동물이 그런 세상에서 사는 모습을 본 적이 없으니까요.

그만큼 사람과 동물이 긍정적이건 부정적이건 밀접한 관계를 맺으며 살았던 시대부터 동물에게는 비극이 시작되었다고 해도 과언이 아닐 거예요. 동물이 세상을 지배할까 봐 두려울 정도로 우리가 동물 권리를 인정해 줄 날은 언제쯤 올까요?

36. 동물 권리가 인정되면 세상이 어떻게 바뀔까요?

동물 권리에 목소리를 높이는 사람이 많아지면서 세상이 조금씩 바뀌어 간다는 느낌이 들어요. 권리를 빼앗겼던 대상이 권리를 다시 찾아가는 과정에는 무수한 희생이 따르기도 했답니다. 그런 면에서 현재 진행형인 동물의 희생은 언젠가는 매우 값진 역사가 될 수도 있을 거예요. 한 개인으로서는 이 과정이 마음 아프지만요.

세계사를 보면 흑인 노예와 여성이 특히 오랜 세월 차별을 받았어요. 지금은 법적으로나마 차별 없는 세상이 되었지만 아직도 특정 종교를 가진 나라에서는 여성의 자유를 극단적으로 제한하기도 해요. 흑인이라는 이유로, 여성으로 태어났다는 이유만으로 억울한 죽임을 당한 역사가 너무도 길었어요.

우리 사회에서도 여성에 대한 임금 차별 등이 존재하지요. 같은 능력을 가졌음에도 여성이 남성보다 못할 것이라는 근거 없는 편견 때문에 부당한 대우를 받았어요. 그러다가 권리를 찾고자 용기 있는 목소리를 내는 여성이 많아지면서 사회는 조금씩 변해 왔지요.

지금은 상식이 되었지만 옛날에는 '모든 사람이 동등하다'는 말이 터무니없는 소리로 여겨졌어요. 이 말은 우리 사회에 자연스럽게 스며든 것이 아니라 많은 희생과 길고 긴 투쟁을 통해 얻어 낸 것이에요.

동물 또한 그 희생과 투쟁의 역사를 써 나가는 중이지요. 동물 권리를 위한 운동 역시 우리 사회의 약자들처럼 비슷한 길을 걸어간답니다. 우리와 소통 체계가 다른 동물을 대신해서 우리가 대변인 역할을 할 뿐이에요. 어쩌면 우리 모두가 직간접적으로 가해자이기 때문에 책임을 다하고 싶은 것일지도 모르겠어요.

쉽지 않을 거예요. 여전히 동물을 인간보다 열등한 존재로 여기는 사람이 대부분이니까요. 하지만 과거에 흑인을 노예로 부릴 때도, 여성을 남성의 소유물로 여겼을 때도 비슷한 이유를 들어 정당화했답니다. 우리보다 못한 존재를 이용하는 것이 당연하다는 논리였지요.

동물에게도 같은 논리를 펴는 사람이 많은데 인간이 동물보다 우월한 점이 도대체 얼마나 될까요? 어떤 것을 우월하다고 보고, 또 어떤 것을 열등하다고 판단할 수 있을까요? 능력의 차이라면 우리 사이에도 무언가를 잘하고 못하는 친구들이 있는데, 능력의 차이를 이유로 그 친구들을 우등생 또는 열등생으로 구분하는 바탕이 될 수 있을까요?

이렇게 힘든 과정을 거쳐서 동물 권리를 온전히 인정하는 날이 온다고 해도 여러분이 상상하는 것처럼 동물이 우리를 지배하지는 않을 거예요. 동물 실험에 쓴다고 갇혀 있던 동물은 그들이 원래 태어났어야 하는 곳으로 돌아가겠지요. 원숭이는 숲으로, 토끼는 뒷산으로 가고, 비글 강아지는 사람 가족과 공원을 산책할 거예요.

농장에서 강제 임신을 당하고 끊임없이 우유를 짜내야 했던 소들은 엄마 소와 송아지가 만나 저 멀리 들판에 앉아 생전 처음으로 하늘을 바라볼 거예요. 고기가 되기 위해 몸집을 불리던 돼지는 아가들과 호숫가 한쪽에서 진흙 목욕을 하겠지요. 이들의 마음은 한없이 자유롭고 행복하다고 느껴져요. 이들에게는 너무나도 단순한 생명권이 인정된 순간이니까요.

그럼 우리 세상은 어떻게 바뀔까요? 이 또한 상상에 지나지 않아요. 한 번도 이루어 본 적이 없는 세상이니까요. 다만 이것만은 확실할 것 같아요. 불필요하게 동물을 실험대에 올리거나 죽이느라 사람들은 죄책감을 갖지 않아도 되겠지요. 마음이 훨씬 자유로워질 거예요. 세상에는 도살장이 없어지고 숲은 더 풍성해질 거예요. 지구도 건강을 회복하면 우리가 겪는 이상 기후도 사라지고 사람들은 더 안정적인 삶을 누리겠지요. 모두가 더 건강하고 더 평화로운 세상으로 바뀔 거예요. 이 정도의 상상은 충분히 가능한 현실이 되지 않을까요?

동물 권리를 위해
우리가 무엇을 할 수 있어요?

37. 동물이 사람보다 못해서 우리가 보호하는 거예요?

그동안 동물이 인간보다 열등하다고 생각했으므로 그들을 무시하는 것이 당연하다고 여겼어요. 흑인, 여성, 아동 등 대체로 소수이거나 물리적인 힘이 약한 사람들을 무시했던 것처럼 말이에요.

그러나 설령 그들이 우리보다 열등하다고 해도 무시와 괴롭힘과 폭력의 정당성이 주어지는 것은 아니에요. 오히려 보호하고 힘을 보태 주는 것이 성숙한 인간의 자세이지요.

동물의 경우에도, 우리보다 못하기 때문에 보호해야 한다는 생각이 나쁜 것은 아니에요. 열등하다고 여기면서 괴롭히는 것보다는 낫겠지요. 그러나 우리보다 못하다는 생각을 하다 보면 언젠가는 또 무시하게 될지도 몰라요. 그것이 학대로까지 이어지지 않더라도 말이지요. 사실 동물이 우리보다 못하지도 않고요.

부족한 점으로 보자면 인간은 태어나면서부터 누군가의 도움이 반드시 필요해요. 그것도 꽤 오랫동안 말이에요. 여러분은 아직 부모님에게 의지하며, 혼자서는 먹고사는 문제를 해결할 수 없어요. 모든 면에서 보호자가 필요하지요. 대체로 성인이 되기 전까지는 여러분에게 보호자가 있어야 하고, 법으로도 만 19세를 성인으로 밝혀 놓았어요.

동물의 경우에는 태어나자마자 걸어 다니는 개체도 있고, 수유기만 지나면 혼자서 먹이를 찾아 나서기도 해요. 자연과 어우러지는 속도가 아주 빠르지요. 자연의 일부로서 자연스럽게 살아가는 모습이라고 볼 수 있어요.

인간은 그러지 못하니까 동물계에서 가장 나약한 존재라고 말한다면 아무도 동의하지 않을 거예요. 자립하는 속도가 가장 느리다고 해서 가장 열등한 존재라는 공식이 이루어지지 않아요.

저는 이것을 이렇게 받아들여요. 성인이 되기까지 우리는 공부를 많이 해요. 학교 공부뿐만 아니라 사회의 구성원이 되기 전에 준비해야 할 것들까지 깨달아 가는 과정일 수 있어요.

지금 저와 여러분이 얘기 나누는 것도 이때 우리가 배우는 것 중 하나예요. 우리는 세상의 꼭대기에서 군림하는 것이 아니라, 자연의 일부로서 모든 생명과 평화롭게 공존하기 위해 노력해야 한다고 말이에요. 사람은 올바르게 판단하고 이해하는 능력이 있으니까 이 문제를 어떻게 풀어 가면 좋을지 함께 의논할 수 있어요. 더욱이 실천으로 옮길 수도 있고요. 그래서 이것을 우리 역할이라고 말할 수 있지요.

38. 동물 권리 보호는 어른들이 해야 하는 일 아니에요?

여러분은 어른의 보살핌을 받아요. 보호를 받는 이유는 아직 사회에 나가 활동하기에는 무리가 있기 때문이에요.

인간은 사회적 동물이라서 활동하는 범위가 아주 넓지요. 한 지역, 한 나라를 벗어나 세계무대에서 여러분의 능력을 펼칠 날을 기다리는 거예요. 가만히 앉아서 기다리는 것이 아니라 다양하게 공부해서 능력을 키우고 상황에 알맞게 행동할 수 있는 현명함도 길러야겠지요.

아직은 그런 과정에 있지만 그렇다고 해서 아무것도 할 수 없는 무능한 존재라는 뜻은 아니에요. 오히려 가능성을 펼칠 수 있는 길이 무궁무진해요.

어른들이 동물 권리를 이야기하는 것은 그만큼 동물 세계를 더 가까이서 많이 보고 경험을 많이 했기 때문이에요. 모를 때는 아무 얘기도 할 수 없었지만, 사회에 나가 보니 인간과 맞물려 있는 다른 동물의 세계가 아주 많고 그것을 무시할 수 없었거든요.

　여러분은 아직 동물이 겪는 끔찍한 모습을 다 알지 못해요. 여러분의 약한 마음이 다칠까 봐 어른들이 여러분 눈을 가리거든요. 어른 중에도 보고 싶지 않은 것은 그냥 외면해 버리는 사람들이 있어요. 그래서 일부 어른만이 용기를 내서 동물 권리를 이야기하는 거예요.

　그러다 보니 여러 부분에서 아직 부족해요. 사람들이 아는 것도 중요하지만 머리로 안다고 해서 다가 아니에요. 그것은 실천으로 옮겨졌을 때 빛이 난답니다. 실천 없는 지식은 공허하거든요. 아는 사람도 많지 않고 그것을 실천하는 사람은 더 적어요.

　여러분은 어른들처럼 광장에 나가 손 팻말을 들고 동물을 보호하자고 시위할 수는 없어요. 그 시간에 여러분은 학교에서 공부를 하고 친구와 선생님을 만나지요. 또는 학원에서 다른 친구들도 만나고 집으로 돌아가는 일상이에요. 여러분 세상에서 만나는 사람은 한정적이에요. 이 한계 안에서 할 수 있는 일 또한 극히 제한되어 있어요. 그러나 동물 권리 보호의 시작은 동물의 현실을 제대로 아는 것이에요. 알지 못하면 하고 싶어도 못하니까요.

　그럼 동물에 대해서 안다는 것은 무엇일까요? 각 동물의 특성이나 생김새, 생활 방식을 공부하는 것도 좋아요. 동물원 관람이나 생태 학습을 통해서 동물에 대해 알 수도 있지요. 그러나 대부분 현실과는 거리가 멀어요. 그곳에 있는 동물의 대부분이 본래의 습성대로 살지 못하거든요.

그렇다고 동물이 인간에게 희생되는 현장 속으로 직접 나가 본다는 것은 거의 불가능해요. 어른들이 말릴 테니까요. 저 또한 권하고 싶지 않아요. 여러분이 동물을 사랑하는 마음을 가진 친구들이라면, 동물에게도 권리가 있으며 그것을 빼앗지 않겠다고 마음먹는 것, 그것이 바로 시작이에요. 그것은 어른들만 할 수 있는 일이 아니에요. 실천할 수 있는 몸과 건강한 마음만 있으면 된답니다. 어떤가요? 준비가 되었나요?

> 동물 권리 보호의 시작은 동물의 현실을 제대로 아는 것이에요. 동물에게도 권리가 있으며 그것을 빼앗지 않겠다고 마음먹는 것이 바로 시작이에요.

39. 힘들지 않게 동물을 보호하는 방법이 있을까요?

   우리는 생각보다 훨씬 많은 곳에서 동물이 고통스러워 한다는 사실을 알 수 있었어요. 사람 때문에 동물이 피해를 본다는 사실도 알았지요. 당연히 그 과정에서 동물 권리가 무시된다는 것도 깨달았어요. 그래서 마음이 불편할 거예요. 즐거운 이야기가 아니니까요.

   그러다 보니 귀를 막고 눈을 가리고 사는 어른도 많아요. '내 한 몸 먹고살기도 바쁜데 거기까지 신경 써야 하느냐'고 오히려 불만인 사람도 많고요. 한가한 사람들이나 그런 데 신경 쓴다고 생각하지요. 그러나 동물 권리를 이야기하는 사람들도 한가하지 않아요. 그들은 더 바빠요. 먹고살기 위해서 더욱더 노력해야 하는 사람도 많아요. 그들은 부자가 아니에요. 동물 보호 단체에서 활동하는 사람들은 생계를 위해 일하는 것이 아니랍니다. 최소한의 활동비로 빠듯하게 살면서 이 사회를 위해 봉사하는 마음으로 일해요. 부자들이 더 부자가 되고 싶어서 다른 사람을 이용하고, 동물을 이용하고, 세상을 손아귀에 넣고 싶어 하지요.

  여러분도 마찬가지로 마음 아픈 이야기는 듣고 싶지 않아서 귀를 막고 눈을 가린다면 세상은 조금도 나아지지 않을 거예요. 잘 알다시피 이 지구는 우리 인간만 살아가는 땅이 아니거든요. 서로 아주 가깝게 연결되어 있어요. 수많은 톱니바퀴가 맞물려 움직이면서 이 세상을 돌아가게 하지요. 어느 한 곳에 문제가 생기면 줄줄이 피해를 볼 수밖에 없어요. 그 톱니바퀴가 건강하게 잘 돌아가도록 하려면 인간의 역할과 책임 의식이 가장 중요해요. 동물은 각자의 영역에서 살아가는 경우가 많지만 인간은 전체를 아우르거든요.

  그래도 힘든 일을 하고 싶진 않지요? 저나 여러분이나 마찬가지일 거예요. 저도 거창한 일을 하지는 않아요. 알고 보면 너무 간단해서 여러분에게 시시해 보일지도 몰라요. 함께 사는 강아지들을 끝까지 책임지는 것, 벌레가 징그럽다고 함부로 죽이지 않는 것, 고통 속에 살다 떠난 동물에게서 얻은 음식을 먹지 않는 것, 동물에게서 빼앗은 털옷을 입지 않는 것, 이 정도가 제가 하는 일의 대부분이랍니다. 크게 보자면 가까이에 있는 동물에게 최선을 다하고, 동물의 고통을 소비하지 않는다고 얘기할 수 있어요.

  여러분이 할 수 있는 일이라면 무엇이 있을까요? 여러분에게도 제가 하는 일 정도는 크게 무리가 없을 것이라고 생각해요. 좀 더 간단히 살펴보도록 할게요.

먼저 가까이에 반려동물이 있다면 최선을 다하는 것이에요. 강아지와 고양이, 햄스터는 여러분의 장난감이 아니니까 함부로 대해서는 안 되겠지요? 학교 앞에서 파는, 색색으로 물들인 병아리가 예뻐도 사지 말아요. 그 병아리들은 알을 낳지 못하는 수컷이기 때문에 버려지는 것이랍니다. 열악한 환경에서 태어난 병아리라서 건강하게 자랄 확률도 낮아요. 병아리가 예뻐서 데려오고 싶은 마음은 이해하지만, 우리 지갑을 탐내는 사람들은 계속해서 그 과정을 반복할 수밖에 없어요.

또한 펫숍에 진열된 강아지나 고양이를 사 달라고 조르지 말아요. 여러분이 평생을 책임지기도 힘들지만 그들 역시 상품으로 팔리기 위해 고통스러운 과정을 거쳤어요. 강아지의 엄마는 강제로 임신을

하고, 새끼를 낳자마자 금세 이별을 해야 한답니다. 강아지들은 젖을 떼기도 전에 엄마와 헤어져서 상품처럼 팔리는 거예요. 그것이 불쌍해서 더욱더 강아지를 데려와 사랑해 주고 싶겠지요. 그러나 우리가 사고파는 관계로 엮이다 보면 동물은 계속해서 그들의 권리를 빼앗긴 채 살다 죽어 갈 수밖에 없어요. 더 많은 동물이 끊임없이 희생되는 구조를 만들게 된답니다.

그리고 길 위의 개미를 재미 삼아 밟아 죽이거나, 멀리 있는 동물에게 함부로 돌을 던지지 말아요. 우리가 별생각 없이 하는 행동이 그 생명들에게는 삶이 끝나는 순간이 될 수 있어요.

40. 동물이 좋지만 고기는 먹고 싶은데 어떡해요?

여기까지 이야기한 내용이라면 충분히 실천할 수 있는데, 아무래도 이 질문은 우리에게 가장 어려운 일이 아닐까 싶어요.

고기는 동물에게서 오지요. 동물을 죽여야 얻을 수 있어요. 고기란 살아 있는 생명을 해쳐서 피를 흘리게 한 뒤에 얻는 살을 말한답니다.

이렇게 얘기하면 모질게 보일 수도 있어요. 왜냐하면 우리는 그 과정을 전혀 모르기 때문이에요. 대체로 맨 마지막 과정만 알지요. 깨끗하게 손질되어 마트에 진열된 모습만 보았으니까요. 그 후에는 각종 양념에 버무려져 새콤 달콤 매콤한 맛으로 변신하면 우리는 황홀한 맛에 반해 마냥 즐거워요. 이렇게 행복한 시간을 즐기면서 어느 누가 고통스러운 장면을 떠올릴 수 있을까요?

우리가 알든 모르든, 인정하든 인정하지 않든, 모든 고기는 비슷한 과정을 거쳐 우리 식탁에 오른답니다. 소가 도축장으로 끌려가면서 울부짖고 눈물 흘리는 모습을 본 적이 없기 때문에 고기를 먹으면서 마음이 아프지 않아요. 어디선가 그런 영상을 보았더라도 고기 요리를 보면 깜빡 잊어버리기도 하지요.

그렇다고 고기를 먹는 사람들을 비난하는 것은 아니에요. 우리도 생명이니까 살아가려면 무엇이든 먹어야 하잖아요. 동물이 불쌍하다고 먹지 않겠다고 하면 그것 또한 바람직하지 않아요. 동물의 생명이 소중하듯 우리 개개인도 너무나 중요한 역할을 하기 위해 이 땅에 태어났으니까요.

여기서 강조하고 싶은 것은, 우리가 동물의 고통을 알게 되었으니 그들의 권리를 위해서라도 최소한의 소비를 하자는 것이에요. 사람들은 너무 많이 먹고 갈수록 더 풍성한 식탁을 원해요. 버려지는 음식 쓰레기도 너무 많지요. 특히 동물의 희생으로 얻어진 고기를 먹을 때는 진심으로 감사하는 마음을 가지면 어떨까요? 그 희생이 헛되지 않도록, 버려지는 음식이 없도록 우리 욕심을 최소한으로 줄인다면 더 좋겠어요.

채식하는 사람이 점점 많아지는데, 그들도 이와 같은 마음가짐에서 출발한 경우가 많답니다. 동물의 고통을 알고 나면 더는 그걸 소비하고 싶은 마음이 없어지기도 해요. 그렇게 동물에게서 온 모든 것을 소비하지 않는 사람을 '비건(vegan)'이라고 부른답니다. 여러분

도 이제 이 단어를 알았으니 앞으로 여러 곳에서 이 단어가 새롭게 눈에 들어올 거예요.

 그런데 우리 생활에 널리 퍼진 '동물 권리가 무시된 상품들'을 구분해 내는 것도 쉽지 않은 일이지요. 갑자기 비건으로 살겠다고 하면 당장 먹을 게 하나도 없는 것처럼 느껴질 수 있어요. 그만큼 우리가 소비해 왔던 것들이 대부분 동물과 관련되었다는 사실을 깨닫게 되지요.

여기서 중요한 것은 동물 권리를 마음으로 깊이 이해하는 것, 이후에는 조금씩 우리 생활을 바꿔 나가는 것이에요. 동물을 사랑하는 마음은 그대로 간직한 채 고기를 먹고 싶은 마음과 충돌한다고 괴로워하지 않았으면 해요. 한번 길들여진 입맛을 바꾸기는 쉽지 않으니까요.

그나마 우리가 선택할 수 있는 좋은 방법은, 살아 있는 동안만이라도 비교적 자유로웠던 축산물을 선택하는 거예요. 동물 복지 인증 고기나, 동물 복지 인증 농장에서 나온 달걀을 사 먹는 식으로 말이에요. 여러분이 직접 선택할 수 있는 문제는 아니겠지만, 이제 배우고 알게 되었으니 주위에 자신 있게 얘기할 수 있겠지요? 동물이 행복하게 살았다면 마지막 희생으로 얻어진 고기도 우리에게 건강한 삶을 선물할 거예요.

41. 우리가 하는 일을 동물이 싫어할 수도 있지 않나요?

세상의 모든 생명은 각자의 역할이 있어요. 그 역할을 하기 위해 세상에 태어났다고 볼 수 있지요. 풀 한 포기도 지구 환경에 이바지하는 귀중한 역할이 있답니다. 그것은 인간을 위해서가 아니라 지구라는 커다란 생명을 위해서예요.

사람도 지구를 구성하는 한 생명에 불과해요. 결코 전체를 마음대로 휘두르는 대장이 아니지요. 자신의 자리에서 할 일을 제대로 해냈을 때 전체는 조화롭게 피어나는 한 송이 꽃이 된답니다.

동물이 세상에 태어나 숨을 쉬기 시작하면서부터 그 숨은 온전히 생명을 지탱하는 힘이 되지요. 숨을 쉬기 위해서 우리는 먹고 마셔야 해요. 그래야 다음 일들을 해낼 수 있으니까요. 그런데 동물은 그렇게 살지 못했어요.

인간이 먹이 피라미드의 꼭대기에 있는 것은 맞지만 우리는 필요한 만큼만 자연을 이용하지 않았어요. 너무 많은 욕심을 부렸기 때문에 생태계가 흔들렸다고 볼 수 있어요. 너무 많이 먹으려 하고, 더 많은 돈을 벌고 싶어서 생태계의 자원을 마구잡이로 이용하다 보니 문제가 되었지요.

지금이라도 그것을 되돌리자는 것은 인간의 역사를 과거로 돌리자는 얘기가 아니에요. 문명이 없던 시절로 돌아가자는 얘기도 아니랍니다. 너무 빨리, 너무 멀리 왔으니 조금 속도를 늦추자는 얘기예요. 그 과정에서 우리가 생태계의 자원, 특히 동물을 폭력적으로 이용했던 모습들을 반성하자는 것이 첫 번째 과제이기도 하지요.

동물 권리를 인정하자는 것은 정말 단순한 이야기랍니다. 생명이라면 당연히 누려야 할, 평화롭게 먹고 마시고 쉴 수 있는 삶을 보장해 주자는 이야기예요.

언젠가 영상 하나를 본 적이 있어요. 평생을 어두운 축사에 갇혀 임신과 출산을 반복하며 우유를 짜내야 했던 암소를 축사 밖으로 풀어 주었답니다. 암소의 반응은 어땠을까요? 좋아서 마구 뛰어나갔을까요? 아니에요. 암소는 축사 문 앞에서 한참을 어리둥절한 채 서 있었어요. 자신의 눈앞에 펼쳐진 세상이 정말 현실인가 믿기지 않았던 것이지요. 본 적이 없는 세상이었으니까요. 그러다 조심조심 한 발을 풀밭으로 내디뎠어요. 생전 처음 밟는 풀이었어요. 다시 한 발을 옮기며 땅을 걸어 보았어요. 그제야 실감이 나기 시작했어요. 걸음에 자신감이 붙었고, 촉촉하고 싱그러운 풀밭이 꿈이 아니라는 사실을 알았지요. 세상에는 이렇게 아름다운 풍경도 있구나! 하늘도 있고 바람도 있고 향기로운 꽃 냄새도 있구나! 그제야 암소는 풀밭 저 멀리로 힘껏 뛰어갔어요. 아무리 뛰어도 끝이 나지 않을 것 같은 땅이 있다는 것은 암소에게는 기적과 같은 일이었어요.

　우리가 모든 동물에게 이런 기적을 선물하기는 힘들지도 몰라요. 동물의 고통을 줄여 주고 싶은 마음, 동물의 희생을 최소한으로 소비하려는 마음, 살아 있는 동안만이라도 건강하게 먹고 마시고 쉴 수 있게 배려하려는 마음, 이런 마음을 동물이 싫어할까요? 처음에는 믿기지 않겠지만, 생명의 자연스러운 습성이 일깨워진다면 다시 축사로 돌아가거나 동물원에 갇히고 싶어 하는 동물은 없을 거라는 생각이 드는군요.

> 동물의 고통을 줄여 주려는 마음, 동물의 희생을 최소한으로 소비하려는 마음, 동물이 살아 있는 동안 건강하게 먹고 놀고 쉴 수 있게 배려하려는 마음, 이런 마음을 동물이 어찌 싫어할까요.

42. 우리도 동물 보호법을 만들 수 있어요?

우리나라의 동물 보호법은 1991년에 만들어졌어요. 동물의 생명과 안전을 보장하여 생명 존중 등 국민의 정서 함양에 이바지한다는 뜻을 세웠어요. 법을 만든 목적과 실제 현실은 거리가 꽤 멀었지만 문제점이 발견되면 지속적으로 법을 고쳐 나간답니다.

이 과정에서 가장 큰 역할을 하는 것은 동물 보호 단체예요. 일반 시민들 또한 현실적으로 동물이 놓인 부당한 상황을 고발하면서, 서로 같은 방향을 바라보며 노력해요. 이제 여러분도 그들과 함께한다고 볼 수 있겠지요?

우리가 각자의 자리에서 동물 사랑을 실천할 수 있는 방법은 아주 많아요. 그 방법을 나열하자면 너무 복잡하고 어렵게 느껴질 수도 있어요. 그래도 하나의 큰 흐름은 바로 동물 권리를 인정하자는 것이에요. 여러 차례 강조했으니 이제 여러분 가슴에 금방 와닿을 것이라 생각해요.

우리가 법을 만들지는 않지만 법은 민심으로부터 출발해요. 한번 만들어진 법이 영원하지는 않아요. 사람들의 생각이 바뀌고 사회가 변하면 법도 변하기 마련이지요.

동물 권리에 대한 법을 더 좋게 만들고 싶다면 우리 마음가짐부터 달라져야 해요. 그 후에 우리 사회 구성원 대다수가 동물 사랑을 실천한다면 법도 적극적으로 동물을 보호할 거예요. 그러니 가장 중요한 것은 지금 여러분이 동물에 대해 어떤 마음가짐을 갖게 되었는지, 어떤 실천을 해 나갈지 생각해 보는 겁니다.

동물 권리는 단순히 고통받는 동물에 대한 문제만이 아니에요. 동물 권리를 고민하다 보면 인간에 대한 생각으로 뻗어 나가지요. 우리 인간은 어떻게 살아왔는가? 어떤 모습이 진짜 인간다운 모습인가? 만물의 영장이라는 말이 부끄럽지는 않았던가?

이런 질문 앞에서 우리 가슴이 뜨거워진다면, 동물과 평화롭게 공존하는 세상을 만들어 갈 준비가 된 거예요. 동물 권리 인정은 이제 대자연에 겸손한 우리로부터 시작될 거예요.

내가 실천할 수 있는 동물 보호에는 어떤 것들이 있을까요?

동물 권리가 무엇인지, 동물 권리를 위해 우리가 무엇을 할 수 있는지 앞에서 살펴보았죠. 이제 내가 주변에서 쉽게 실천할 수 있는 동물 보호에는 어떤 것들이 있는지 생각해 보아요.

세계 동물 권리 선언

〈세계 동물 권리 선언(The Universal Declaration of Animal Rights)〉은
1978년 10월 15일 파리 유네스코 본부에서 엄숙히 선포했어요.
이후 1989년 '국제 동물 권리 연맹(International League of Animal Rights)'이
개정한 본문을 1990년 유네스코 지도자 총회에 제출하고 대중에게도
공개했답니다.
다음은 국제 사회나 세계 동물 보호 단체 등에서 널리 받아들이고,
동물 권리를 위한 캠페인 등에서 읽히는 〈세계 동물 권리 선언〉의 내용이에요.

전문

생명은 하나다. 모든 생명체는 공통의 기원이 있으며 종의 진화 과정에서 다양화하였다.
모든 생명체는 천부적 권리가 있으며, 신경 시스템이 있는 동물은 특별한 권리가 있다.
이들 생명체의 권리에 대한 경멸 혹은 무지는 심각한 자연 파괴와 동물에 대한 죄악을 불러온다.
인류가 다른 동물의 권리를 깨달아 알 때 우리는 다양한 생명체와 공존할 수 있다.
사람이 동물을 존중하는 것은 다른 사람을 존중하는 것과 다르지 않다.

이러한 까닭으로 다음과 같이 선언한다.

제1조
모든 동물은 생태계에서 존재할 평등한 권리가 있다. 이 권리의 평등은 개체와 종의 차이를 가리지 않는다.

제2조
모든 동물의 삶은 존중받을 권리가 있다.

제3조
❶ 동물은 부당하게 취급받거나 잔인하게 학대당하지 않아야 한다.
❷ 동물을 불가피하게 죽여야 한다면 불안과 고통을 주지 말고 즉각적으로 진행해야 한다.
❸ 죽은 동물은 품위 있는 대우를 받아야 한다.

제4조

❶ 야생 동물은 자연환경에서 자유롭게 살고 자유롭게 번식할 권리가 있다.

❷ 야생 동물의 자유를 지속적으로 빼앗는 것과, 취미를 위한 사냥과 낚시 등 생존에 불필요한 목적으로 야생 동물을 이용하는 것은 기본권을 침해하는 행위이다.

제5조

❶ 사람에게 의존하는 동물은 생명을 유지하고 보호받을 권리가 있다.

❷ 그들은 어떠한 경우에도 사람으로부터 버려지거나 부당하게 살해되지 않아야 한다.

❸ 동물을 이용하고 번식시키는 모든 형태는 생리학적 특성과 종의 특성이 존중되어야 한다.

❹ 전시, 공연, 영화 등에 동물을 이용할 경우 그들의 존엄성을 존중해야 하며 어떤 경우에도 폭력을 포함해서는 안 된다.

제6조

❶ 육체적 또는 정신적 고통이 따르는 동물 실험은 동물의 권리를 어기는 행위이다.

❷ 사람은 동물 실험을 대체할 방법을 개발하고 체계적으로 이루어 나가야 한다.

제7조

동물의 죽음을 불러오는 불필요한 행위 및 그런 행동을 일으키는 어떠한 결정도 모두 삶에 대한 범죄로 여긴다.

제8조

❶ 야생종의 생존을 위협하는 행동과 그러한 의사 결정은 대량 학살과 다르지 않으며,

생물종에 대한 범죄 행위이다.
❷ 야생 동물을 잔인하게 죽이거나 생태계를 오염시키고 파괴하는 일은 집단 살육 행위와 같다.

제9조
❶ 동물의 명확하고 합법적인 지위와 권리는 반드시 법으로 인정해야 한다.
❷ 동물 보호와 그들의 안전은 반드시 정부 조직이 제도화해야 한다.

제10조
교육 및 학교 당국은 반드시 어린이들에게 동물에 대한 관찰, 이해, 존중이 학습될 수 있도록 보장해야 한다.

인권과 동물 권리는
다르지 않다는 걸
기억해 줘.
고마워.